GERRY GAVIN

# Mesaje de la Margareta

## SFATURI ANGELICE PRACTICE, PENTRU LUME... ŞI PENTRU TINE

Editura For You

Design copertă: www.graficadesign.ro
DTP: Prosperity Exprim (Felicia Drăguşin)

**Descrierea CIP a Bibliotecii Naţionale a României**
**GAVIN, GERRY**
**Mesaje de la Margareta** / Gerry Gavin- Bucureşti: For
You, 2014
ISBN 978-606-639-054-5
       2

Tel. / Fax: 021/ 6656223; 031/4286724
Mobile phone: 0724212695
E-mail: foryou@editura-foryou.ro
       editura_foryou@yahoo.com
       monica.visan@gmail.com
Website: http://www.editura-foryou.ro

Printed in Romania      ISBN: 978-606-639-054-5

GERRY GAVIN

# Mesaje de la Margareta

## SFATURI ANGELICE PRACTICE, PENTRU LUME... ȘI PENTRU TINE

*Traducere din limba engleză: Mihaela Ivănuș*

Editura For You

*Pentru Gail Lisa...*
*dragostea mea, prietena mea*
*și cea mai mare importantă*
*sursă de inspirație.*
*Încă mai sunt cel mai mare fan al tău!*
*Această carte*
*nu ar fi fost posibilă fără tine.*

# Cuvinte de apreciere pentru cartea
## *Mesaje de la Margareta*

*„**Mesaje de la Margareta** este o carte sensibilă, ce îi oferă fiecărui cititor o înțelegere extinsă, soluții creative și, mai presus de orice, speranță pentru viitor. Ea luminează orizontul spiritului uman!"*

**Lee Woodruff,**
editoare la emisiunea CBS *This morning*;
autoarea cărții *Perfectly Imperfect [Perfect imperfect]*
și a romanului de succes *Those We Love Most
[Cei pe care îi iubim cel mai mult].*

*„Bravo! Gerry Gavin ne oferă ceea ce promite. Citește* **Mesaje de la Margareta,** *pentru cuvinte de speranță și reînnoire și îți vei da seama că nu e nevoie să treci singur prin provocările sau triumfurile din viață – tot ce trebuie să faci este să ceri."*

**Ariel & Shya Kane,**
autori de succes ai cărții premiate
*How to Have a Match Made in Heaven: A Transformational Approach to Dating, Relating and Marriage
[Cum să-ți găsești sufletul pereche: O abordare transformatoare a întâlnirilor romantice, a relațiilor și căsniciei]*

*„Un ghid scurt și simplu de trezire spirituală, această carte are ceva pentru toată lumea!"*

**Anthony Mrocka**
redactor-șef la revista *Evolving Soul*

*„Mesaje de la Margareta va rezona cu cititorii, în moduri în care nu au crezut că e posibil."*

*Sedona Journal of Emergence*

*„Gerry Gavin este un om de o mare integritate și înțelepciune. Sunt convins că Mesaje de la Margareta va reprezenta o mare resursă pentru oamenii care caută vindecare, speranță și călăuzire, în lumea modernă."*

**Martin Boroson**,
autorul cărții *One-Moment Meditation: Stilness for People On the Go*
[*Meditație de o clipă: Liniște pentru oameni cu vieți agitate*]

*„Ceea ce se crede, în mod normal, că sunt subiecte dificil de înțeles devin foarte ușor de înțeles atunci când sunt explicate de Margareta. M-am trezit spunând lucruri precum: „Aha, acum înțeleg!" Această carte te inspiră și te lămurește și, după părerea mea, oferă o înțelegere foarte simplă a cine suntem, unde mergem și ce facem aici... Aș îndrăzni să spun că va ajuta pe oricine în călătoria lui. O carte foarte bună!"*

**T Love**, gazda emisiunii *Energy Awareness* [*Conștientizarea energiei*], BlogTalkRadio

„*L-am văzut pe Gerry primind mesajele profunde ale Margaretei și învățându-i pe ceilalți cum să comunice cu proprii lor îngeri. El este cu adevărat autentic! Comunică aceste adevăruri și mesaje, într-un mod atât de liniștit și pașnic! Mi-a plăcut mult cartea și știu că îți va plăcea și ție!*"

**Karen Noe,**
medium și autoare a cărții *Through the Eyes of Another: A Medium's Guide to Creating Heaven on Earth by Encountering Your Life Review Now* [*Prin ochii celuilalt: Ghidul unui medium pentru a crea raiul pe Pământ, prin analizarea propriei vieți, astăzi*]

„**Mesaje de la Margareta** *este o carte minunată, minunată! Nu am putut să o las jos. Dacă ești pregătit să-ți deschizi inima și să-ți extinzi mintea, te vei trezi într-o călătorie de explorare, viziune și înțelepciune. Te vei conecta cu adevărat la Sinele tău superior, prin învățăturile Margaretei, și vei urmări, în mod activ, împlinirea sufletului tău.*"

**Dr. Pat Baccili,**
gazda emisiunii *The Dr. Pat Show* și realizatoare la Transformation Talk Radio: BBS Radio/Voice America

*Sufletul, în cea mai înaltă expresie a sa, se aseamănă lui Dumnezeu, dar un înger îți oferă o idee mai clară despre El. Este întru totul un înger: o idee a lui Dumnezeu.*

Meister Eckhart

*Un înger poate lumina gândul și mintea omului, întărindu-i puterea de a vedea.*

Sf. Toma de Aquino

# PREFAȚĂ

*Scris cu dragoste și recunoștință, pentru un prieten drag
și un înger special în viața mea, Gerry Gavin.*

Ca preot interconfesional hirotonit, care se ocupă de îngrijirea familiei, am avut bucuria și privilegiul de a lucra și de a-l cunoaște pe Gerry Gavin, timp de mai mulți ani. Am vorbit amândoi despre călătoriile noastre personale și despre punerea în serviciul familiilor, cu dragoste, pentru a le oferi ajutorul atât în plan personal, cât și profesional.

Când am auzit că el, la îndemnul Margaretei, a scris această carte, am știut că va fi atât specială, cât și profund reală. Acesta este Gerry Gavin. El este un om care nu se teme să pună întrebări, să caute, să conteste și să fie sincer în privința explorărilor și provocărilor sale... Confruntându-se cu fiecare dintre ele, a ajuns, în ceea ce privește experiența și exprimarea, pe niște culmi greu de egalat.

În *Mesaje de la Margareta*, Gerry începe prin a ne împărtăși propria lui călătorie într-o astfel de relație... în căutarea spirituală profundă a vieții și a acelui tărâm al realității spirituale care este disponibil tuturor celor care sunt dispuși să sape mai adânc, pentru a găsi un înțeles și o putere mai mare. Sinceritatea cu care ne vorbeşte despre îndoielile sale cu privire la posibilitatea de a exista o astfel de legătură angelică – sau de a nu fi decât o pură fantezie, o îndepărtare de real – le oferă tuturor cititorilor o stare de alinare cu privire la această extindere de gândire, credinţă şi posibilităţi.

De-a lungul anilor mei în slujba bunăstării familiei, le ofer, periodic, persoanelor cu care lucrez sau pe care le consiliez îngeri mici, minunaţi, sculptaţi manual în Bali, acolo unde şi locuiesc. *Niciodată* nu a spus cineva – credincios sau nu – „*Nu*. Ia-l înapoi!" Toţi şi-au dorit să aibă îngerul lor, pentru că acest simbol întruchipează speranţa şi bunătatea, Divinitatea într-o formă lipsită de dogmă, doctrină şi teologie şi marcată de iubire, sprijin şi de cuvintele pe care cu toţii le asociem cu îngerii: „Nu vă temeţi!"

Această dorinţă de comunicare între oameni şi Divinitate se regăseşte în toate religiile şi teologiile, în care îngerii sau mesagerii au fost adesea folosiţi ca mijloace de sprijin, îndrumare, speranţă, alinare, posibilităţi viitoare şi încurajare. Comunicarea dintre oameni şi Divinitate este amplificată atunci când înţelegem că noi, în calitate de copii ai lui Dumnezeu, suntem asemenea Creatorului – Divini în esenţă.

În *Mesaje de la Margareta*, Gerry Gavin îşi împărtăşeşte experienţa prin care intră în legătură cu divinitatea lui interioară. Din corespondenţa şi conversaţiile lui cu Margareta, Gerry începe să accepte, să înţeleagă şi să înveţe de la divinitatea lui interioară, făcând cunoscută această conexiune şi împărtăşind-o cu noi toţi.

Această lucrare, foarte elocventă şi onestă, este o lectură necesară pentru toate persoanele care doresc să-şi dezvolte viaţa. Este un ghid ce oferă noi moduri de a răspândi adevărul potrivit căruia noi nu suntem fiinţe umane care încearcă să trăiască o experienţă spirituală, ci, mai degrabă, *ființe spirituale ce trăiesc o experiență umană.* Suntem, în esența noastră, vehicule și vase prin care Divinul se poate exprima și dezvălui mai mult lumii. Dar, pentru a face acest lucru, trebuie să fim dispuși să dăm deoparte prejudecățile, îndoiala și frica... și să *fim liniștiți* în prezența Divinului.

Apoi, folosind instrumentele foarte practice și reale găsite în această carte, trebuie să ne dezvoltăm ochii, urechile, inima și mințile noastre spirituale. Trebuie, așa cum a făcut Gerry, să ne lăsăm deoparte îndoielile și să înaintăm pe tărâmul *posibilităților spirituale*, îndrumați de îngerii noștri.

Gerry, îți mulțumesc pentru această călătorie intensă în lumea Spiritului. Îți mulțumesc și ție, Margareta, pentru că ne-o împărtășești într-o manieră care examinează limitările noastre umane dintr-un punct al libertății absolute, din perspectiva exclusivă a bunătății, luminii, puterii și iubirii. Și fie ca noi să descoperim aici aceleași lucruri, iar apoi să le împărtășim și celorlalți!

Așa cum au spus îngerii, *Nu vă temeți!* Mergeți mai departe și citiți!

**Reverend Gregory L. Johnson**
Creator: Inițiativa de Protecție a Familiei
Membru: Academia de Medicină, New York
Capelan voluntar: NYPD Gay Officers Action League
Membru fondator și fost co-președinte:
Coaliția de Protecție a Familiei NYC
Membru: Programul Național de Protecție a Familiei,
Washington D.C.

# Capitolul 1
## ȘAMANUL RETICENT

*Aceasta era substanța din care erau făcute filmele –
obiecte în mișcare, voci și apariții, temperaturi care variază cu
peste 10°C față de normal și o ceață care cobora pe scări sau
plutea pe sus. A fost, puțin spus, înfricoșător!*

Nu mi-am dat seama atunci, dar această carte a început în 1990, atunci când eu și colega mea de cameră, Gail, ne-am mutat într-o casă care s-a dovedit a fi bântuită. Înainte de aceasta, cunoscusem doar fenomenele parapsihice elementare – déjà vu, uneori o presimțire a persoanei care urma să vină în vizită sau intuiția că avea să sune la telefon. Dar asta era diferit. Aceasta era substanța din care erau făcute filmele – obiecte în mișcare, voci și apariții, temperaturi care variază cu peste 10°C față de normal și o ceață care cobora pe scări sau plutea pe sus. A fost, puțin spus, înfricoșător!

Mult timp nu i-am zis nimic lui Gail, temându-mă că e doar în imaginația mea. În cele din urmă, i-am spus și a recunoscut ușurată că și ea a văzut și a simțit anumite lucruri, dar că îi fusese teamă să-mi spună, pentru că nu voia să o consider nebună.

Nedorind să ne mutăm, deoarece Gail tocmai cumpărase imobilul, am început să căutăm tot ce putea să explice

12

ce se întâmpla la noi acasă. Am citit cărţi, am vorbit cu pastorul nostru local (care a venit şi a binecuvântat casa de la baza scărilor, iar apoi a fugit) şi, în cele din urmă, am căutat ajutorul parapsihologilor – în care nu prea credeam.

De asemenea, i-am spus ce ni se întâmplă şi unui prieten apropiat, care a venit cu o sugestie destul de ciudată. El făcea terapie de ceva timp, dar, de puţină vreme, se ducea la o terapeută care era şi un medium înzestrat. Combinaţia de competenţe a terapeutei amplificase şi eficacitatea şedinţelor lui de terapie. Mi-a plăcut această idee, întrucât terapeuta folosea abilităţi parapsihice moştenite de mai multe generaţii, în combinaţie cu acreditările în psihologia tradiţională, ceea ce o făcea atât credibilă, *cât şi* înzestrată nativ.

Când am sunat-o pe terapeuta parapsiholog a prietenului meu ca să discut cu ea despre situaţia casei mele, ea m-a întrebat ce se întâmplă în casă, înainte ca eu să am ocazia de a-i pomeni ceva despre asta. Apoi, ea a realizat o ceremonie de *channelling,* despre care a spus că va curăţa casa de paraziţii din altă lume. Mi-a explicat că fenomenul *channelling* presupune să-ţi deschizi mintea pentru a primi informaţii din surse spirituale, la fel cum artiştii, muzicienii şi scriitorii spun deseori că sunt inspiraţi de „muza" lor. Ea mi-a spus că este nevoie ca trei persoane să facă aceeaşi ceremonie în trei momente diferite, la ore şi în zile diferite. Aşadar, Gail, fiica mea, Melissa, şi cu mine am stabilit să facem acea ceremonie. Trebuie să recunosc că am intrat în acest lucru cu o mare îndoială – până când am realizat, practic, ceremonia. Ştiam că, în esenţă, ceea ce urma să facem este o formă de exorcizare. Dar ceea ce nu am ştiut era ce urma să se întâmple.

Alarmele de la casă au pornit fără niciun motiv, uşile s-au închis de la sine, iar în spatele uşilor închise am putut auzi sunete de sertare, deschizându-se şi închizându-se.

Chiar a trebuit să citim încet textul de pe foi mari de hârtie, deoarece cuvintele noastre păreau uneori să iasă din gurile noastre în mod deformat sau confuz. Se auzeau bătăi în pereţi şi ne era rău de la stomac – practic tot ce putea să se întâmple ca să ne sperie şi să ne determine să ne oprim. Cred că, dacă ar fi fost o casă închiriată, am fi urcat în primul autobuz care pleca din oraş, dar era casa *noastră*. Eram pregătiţi să ne luptăm şi nu ne-am oprit.

La sfârşitul celei de-a treia ceremonii, în casă era o senzaţie mai plăcută pentru toată lumea. Toată lumea, în afară de mine! Mă simţeam groaznic din punct de vedere fizic, ca şi cum ultima picătură de putere mi-ar fi fost stoarsă. Mă simţeam ca şi cum aş fi fost oarecum schimbat de acea experienţă – nu simţeam că sunt eu. Chiar înainte de ultima ceremonie, Gail a simţit că trebuie să-mi dea nişte baterii AA, pe care să mi le pun în buzunarul cămăşii. Nu ştia de ce – doar a simţit că era important. Când am terminat ceremonia mi-am verificat buzunarul, iar bateriile erau parţial topite. În următoarele trei săptămâni, am avut acelaşi efect asupra a trei baterii auto.

Deoarece începea să fie cam costisitor, am sunat-o din nou pe parapsihologa/terapeuta noastră, pentru a vedea ce se întâmplă, iar ea m-a întrebat dacă i-am urmat sfatul de a cumpăra o busolă şi dacă eram sigur că, în timpul ceremoniei, am stat în picioare, cu spatele la nord. Când i-am confirmat acest lucru, mi-a explicat că toată energia spirituală negativă care a părăsit casa a trecut, efectiv, prin mine, în drumul ei. Mi-a explicat asta la final, întrucât era sigură că, dacă mi-ar fi spus înainte, nu m-aş fi simţit prea încrezător (bine gândit!) şi că, poate, nu aş fi făcut-o (a avut dreptate!). Mi-a mai explicat că a simţit că am tăria şi protecţia spirituală pentru a-i supravieţui acestei energii, iar faptul că voi învăţa să o recunosc mă va ajuta mai târziu în munca mea. A simţit că peste doi ani aveam să cunosc pe cineva care îmi va schimba total viaţa şi care mă va purta într-o nouă direcţie şi într-un soi de „parteneriat". Mi-a spus că această bătălie cu locuitorii noştri nedoriţi va reprezenta o experienţă binevenită. Acest lucru s-a dovedit a fi adevărat.

La acel moment, însă, faptul că am trecut prin acea experienţă m-a asigurat de un lucru: Era clar că nu mă voi implica niciodată în niciun fel de activitate ce presupune energie, spirite, ceremonii sau parapsihologi. În niciun caz!

Asta a fost până în toamna anului 1991. La insistenţa lui Gail, ne-am decis să ne înscriem la o şcoală de masaj, ea pentru o schimbare de carieră, iar eu pentru a avea un venit secundar bun. Profesoara noastră era un excelent terapeut de masaj tradiţional, consilier şi instructor, dar ea a pus şi alte calităţi în joc. Ca vindecătoare transculturală, pregătită de vindecători indigeni din multe ţări, ea ne-a prezentat toate tipurile de tradiţii de vindecare populară şi, deşi promisesem că nu voi mai intra niciodată în lumea fiinţelor supranaturale, m-am trezit că mă deschid către experienţe din ce în ce mai minunate. Am devenit profund fascinat de lucrările şamanilor indigeni şi am început să studiez cu alţi profesori şi apoi cu profesorii lor, învăţând despre toate aspectele pozitive ale oamenilor care se deschid spre conexiunea lor spirituală şi despre cât de puternică poate fi ea.

La aproape doi ani după predicţia parapsihologei noastre cu casa bântuită, mi-am întâlnit îngerul – pe Margareta.

S-a întâmplat, aşa cum se întâmplă cu experienţele spirituale cele mai profunde, într-un moment de abandon personal total. Eram într-un blocaj emoţional foarte mare din viaţa mea şi ştiam că aveam nevoie de călăuzire pentru a-l depăşi. Devenisem deja destul de priceput în multe practici şamanice şi intram în mod regulat în contact cu ghizi spirituali şi animale de putere. Dar nu dădusem niciodată peste un înger şi am ştiut, instinctiv, că asta era ceva ce trebuia să fac, însă neştiind ce să fac, i-am vorbit cu voce tare îngerului care speram că mă ascultă: „Dacă ţi-aş cunoaşte numele, ştiu că aş putea găsi o modalitate de a vorbi cu tine!"

Am închis ochii şi totul a devenit alb, ca un ecran de film, şi, apoi, cuvântul *Margareta* a început să apară. Mi-am deschis ochii şi i-am închis din nou, iar cuvântul era încă acolo. M-am gândit: *Ce fel de nume de înger e Margareta?* Mă aşteptam la ceva cu sonoritate celestă. Dar acum, în loc de un singur cuvânt care umplea ecranul, cuvântul a început să se scrie în fiecare stil de scriere pe care mi-l puteam imagina... iar şi iar... umplând fiecare centimetru de ecran alb din faţa ochilor mei închişi. Am deschis ochii din nou, foarte confuz. Pe atunci, nu eram prea încântat de numele Margareta. Am pus din nou întrebarea şi am închis ochii. De data aceasta ecranul era negru ca noaptea, iar numele a început să apară din nou, dar acum cu litere albe şi, din nou, în fiecare stil de scriere pe care mi-l puteam imagina.

În cele din urmă, am deschis ochii, convins că îngerul pe care-l caut se numeşte, într-adevăr, Margareta!

În anii care au precedat acest eveniment, învăţasem despre multe tipuri de comunicare spirituală şi, pentru un motiv oarecare, ceea ce părea potrivit pentru a o contacta pe Margareta în acel moment special era o metodă numită *scriere automată*. Tehnica este într-adevăr foarte simplă, dar foarte eficientă. Începi prin a scrie o scrisoare spirituală ghidului dorit. Acesta poate fi Creatorul, aşa cum a făcut Neale Donald Walsch în *Conversaţii cu Dumnezeu*[*], o persoană

_____

* Trilogie apărută la Editura For You. *(n. ed.)*

dragă trecută în nefiinţă sau, în cazul meu, noul meu prieten înger. Scrii scrisoarea şi îi ceri îndrumări, ca şi cum ai vorbi celei mai iubitoare fiinţe pe care o cunoşti şi apoi – şi aceasta este partea grea – scrii un răspuns la scrisoare. În această scrisoare pentru tine, îţi imaginezi că răspunsul vine de la cineva care te iubeşte profund şi vrea doar ce este mai bun pentru tine, iar tu permiţi curgerea acestui curent.

Înainte de acest moment, nu încercasem acest exerciţiu, deoarece mi se părea o prostie. În mod evident, dacă eu scriam atât scrisoarea cât şi răspunsul, atunci mi se părea că urma să primesc răspunsurile pe care voiam să le aud.

Dar când am scris această primă scrisoare către Margareta, am constatat că presupunerea mea era cât se poate de departe de adevăr. Treceam printr-o perioadă foarte dificilă din viaţa mea. Mă chinuiam într-o relaţie, resursele mele financiare erau limitate şi aveam impresia că fiecare zi era un pas înainte şi trei paşi înapoi. I-am scris Margaretei, întrebând-o de ce viaţa mea pare atât de grea, de ce relaţia mea nu funcţiona şi de ce îmi este atât de greu să înaintez.

Am început cu „Dragă Margareta" şi am încheiat cu formula „Cu dragoste, Gerry", iar apoi am început răspunsul cu „Dragă Gerry". Am închis ochii pentru o clipă, am respirat adânc şi am început să scriu. Răspunsul ei a început cu o formulă pe care nu m-aş fi gândit să o folosesc şi, din acel moment, cu ea a început fiecare dintre miile de scrisori pe care le-am primit de la Margareta: „Bună, dragul meu şi bine ai venit!" După acel moment, am început să scriu mai repede decât de obicei, iar mesajul a fost atât de diferit de modul meu de redactare şi gândire, încât mi-am dat seama că îl citesc cu fascinaţie, ca şi cum ar fi fost scris de altcineva. În ceea ce priveşte sentimentele şi emoţiile persoanei cu care relaţionam, ea era mult mai receptivă şi mai blândă decât aş fi putut eu să fiu. De asemenea, blândeţea ei faţă de mine m-a făcut să simt că nu mai este nevoie să mă acuz pentru că nu reuşesc să fiu „totul pentru toată lumea", ceea ce am încercat mereu să fiu. Nu era nicio fărâmă de vină sau judecată în scrisoare şi totuşi a reuşit să-mi arate în mod clar că eram responsabil pentru modul în care am reacţionat şi mi-am creat toate experienţele. Am scris şi am tot scris până când, în cele din urmă, am încheiat scrisoarea cu ceea ce avea să devină semnătura ei: „Mergi în pace! Cu dragoste, Margareta."

Cred că am recitit această scrisoare de 100 de ori şi de fiecare dată eram tot mai uimit de dragostea şi înţelegerea pe care mi le dăruia. Dar nu eram, încă, în totalitate convins că acesta nu este produsul imaginaţiei mele.

Aşa că am decis să testez validitatea informaţiilor pe care mi le-a dat. Ea mi-a împărtăşit motivele pentru care unii oameni din viaţa mea au reacţionat într-un anume fel. Erau opinii pline de bunătate şi blândeţe faţă de comportamentul lor, la care nu mă mai gândisem. Când i-am sunat ca să-i întreb dacă asta au simţit, spre uimirea mea, persoanele în cauză au răspuns tulburate şi uimite că am intuit exact ceea ce simţeau. Trebuie să recunosc că, deşi această experienţă mi-a ridicat nivelul de înţelegere, eram îngrozit să le mărturisesc că informaţiile provin de la noua mea prietenă de corespondenţă – şi, dacă tot a venit vorba, noua mea prietenă e un înger pe nume Margareta.

Am continuat să-i scriu Margaretei aproape zilnic, în primul an. Am aflat că, deşi ea mă putea ajuta cu răspunsuri intuitive, nu făcea preziceri despre viitor, pentru că asta mi-ar fi afectat libertatea mea de a alege, ceea ce însemna că ea mi-ar fi creat realitatea, şi nu eu. Putea, totuşi, să mă ajute să înţeleg care ar fi cele mai benefice acţiuni pentru a-mi crea viaţa pe care mi-o doream. Am descoperit că are un simţ al umorului dezvoltat şi capacitatea extraordinară de a prelua concepte foarte complexe şi de a le prezenta sub forma unor sfaturi uşor digerabile, pe care le puteam înţelege.

Acest simţ al umorului a devenit evident într-o zi, când am întrebat-o: „De ce eu? Ce mă face atât de special, încât să mi se permită să vorbesc cu un înger?" Răspunsul ei a fost că nu am „nimic special" şi că speră ca oamenii să înţeleagă că, dacă eu pot face acest lucru, atunci oricine poate! Mi-a explicat mai târziu că, deşi se amuza pe seama mea, ea nu voia să spună că nu sunt special, ci că toţi suntem la fel de speciali în capacitatea noastră de a comunica cu îngerii şi cu Creatorul.

Iar cu asta, ea a dus relaţia noastră la un nou nivel, indicând faptul că era timpul ca eu să împărtăşesc mesajele ei şi altor persoane. Împărtăşisem mesajele primite de la Margareta doar câtorva prieteni apropiaţi şi membrilor familiei, iar ideea de a le vorbi şi altora despre ele era cu adevărat înspăimântătoare. Ce aveau să creadă oamenii despre mine? Dacă informaţiile pe care le primesc pentru alţii nu au niciun sens pentru ei? Atunci nu numai că o să creadă că sunt un şarlatan, dar faptul că am impresia că vorbesc cu îngerii m-ar face un şarlatan nebun. Ea m-a asigurat că totul va fi bine, iar a doua zi am primit, „întâmplător", un telefon de la o prietenă care ştia despre Margareta şi care mi-a sugerat să vorbesc cu prietena ei, un medium înzestrat, care putea fi în măsură să-mi dea câteva sfaturi cu privire la modul de a împărtăşi această experienţă cu ceilalţi.

M-am dus la ea şi, spre surprinderea mea, când i-am spus povestea mea, în loc să-mi ofere sfaturi, m-a întrebat dacă doream să fac o citire pentru ea. Mâna îmi tremura în timp ce scriam răspunsurile Margaretei la întrebările ei. Nu ştiam cum o să reacţioneze la informaţiile pe care le primeam, întrucât o parte dintre ele subliniau domeniile în care ea crea conflictele care o îngrijorau. Dar răspunsurile i-au oferit un nivel nou de înţelegere a propriei ei persoane şi, de asemenea, a fost uimită de căldura şi blândeţea cu care i-au fost date sfaturile. A pus imediat mâna pe telefon pentru a aranja ca alţi doi binecunoscuţi parapsihologi să vină să mă întâlnească a doua zi, ca să fac citiri şi pentru ei.

Îmi amintesc că de-abia am pus geană pe geană în noaptea aceea. Eram recunoscător că fusesem în stare să obţin informaţii corecte pentru ea, dar, acum, ea chemase persoane recunoscute pentru exactitatea predicţiilor lor, persoane care făceau acest lucru de ani de zile. Am simţit că este în mod clar un test, dar eram sigur că îl voi trece cu bine.

Când au ajuns la ea acasă, am început prin a le explica că eu nu sunt medium şi că poate că nu a fost o idee prea bună să fiu acolo. Dar m-au asigurat că nu au venit pentru a mă testa, ci pentru a-mi cere informaţii care să le vină în ajutor. Mi-au explicat că, uneori, deşi parapsihologii îi pot ajuta pe ceilalţi, ei sunt adesea prea aproape de propriile lor probleme pentru a le vedea clar şi sfârşesc prin a nuanţa lucrurile cu propriile lor emoţii. E ca atunci când nu vezi pădurea din cauza copacilor. Înţelegeam acest sentiment.

Ambele citiri au mers foarte bine şi toţi trei au spus că ar dori să înceapă să mă recomande oamenilor. Din nou, am încercat să explic că nu sunt medium, dar ei m-au recomandat oricum. Curând, m-am trezit scriind mesaje de la Margareta pentru mai multe persoane pe lună. Într-o zi, o întâlnire a avut o altă turnură, atunci când Margareta a ajutat o clientă să comunice cu mama ei, care trecuse în nefiinţă cu aproape un an înainte. Acum nu mai e neobişnuit ca oamenii să vină la mine cu scopul de a vorbi cu o persoană dragă, care a trecut dincolo.

Odată cu trecerea timpului, am devenit mai încrezător, datorită modului straniu al Margaretei de a atinge sufletul şi mintea oamenilor – indiferent de situaţie.

După aproximativ un an, Margareta a avut o nouă dorinţă. Ea mi-a spus că era momentul să creez un sistem care să-i înveţe pe ceilalţi să facă ceea ce făceam noi. Mi-a cerut să creez un seminar, care să-i deschidă pe oameni către comunicarea angelică – şi nu numai. Urma să-mi folosesc aptitudinile pe care le dezvoltasem deja. „Fă ce faci tu cel mai bine", mi-a spus ea.

Seminarul rezultat era o combinaţie de muzică originală, exerciţii energetice şi imagini dirijate, care a ajuns să fie cunoscut cu numele de *Îngeri şi şamani*. Prin acest seminar, sute de participanţi au aflat numele îngerilor lor şi au comunicat cu ei pentru prima dată. Asta se întâmpla în 1994, iar de atunci am continuat să fac ceea ce a devenit fenomenul „scrisori de la îngeri", învăţându-i în acelaşi timp pe oameni cum să comunice direct cu partenerii lor angelici.

La sfârşitul anului 2010, Margareta mi-a cerut din nou ceva. Ea mi-a cerut să compun o carte cu mesajele ei, care să-i ajute pe cei care locuiesc pe Pământ să înţeleagă adevărata esenţă a fiinţei lor şi motivul pentru care această perioadă urmează să fie un moment crucial în istorie.

Am început această carte în decembrie 2010 şi a evoluat în următoarele luni, pe măsură ce anumite situaţii din lume au evoluat. A fost o experienţă incredibilă pentru mine, pentru că atunci când eşti canalul prin care vin informaţiile, scrii şi citeşti cartea în acelaşi timp! Când am început iniţial să scriu această carte, o bună prietenă mi-a spus că de-abia aşteaptă să o citească, iar răspunsul meu sincer a fost: „Şi eu!"

Toate capitolele care urmează, dacă nu se menţionează altfel, sunt mesajele pe care le-am primit de la Margareta şi pe care le-am consemnat în această carte. Reţine faptul că aceste mesaje provin dintr-un loc unde *nu există judecată* şi că îţi vor permite să-ţi analizezi viaţa în lumina unei *imagini mult mai mari*. Pe măsură ce am editat materialul, mi-am dat seama că Margareta a intenţionat să facă trei lucruri: să risipească miturile pe care le-am învăţat cu toţii şi care ne neagă puterea personală care ne aduce adevărul; să lămurească unele dintre adevărurile cele mai puţin înţelese şi mai importante despre natura omenirii, spirit şi Creator; şi, în final, să ne prezinte câteva tehnici specifice, pe care le putem folosi pentru a ne îndrepta – corp, minte şi spirit – spre viaţa care ne va aduce cea mai mare bucurie, ca indivizi şi ca planetă.

Unul dintre lucrurile pe care scrierea acestei cărţi l-a făcut pentru mine – şi, sper, şi pentru tine – a fost faptul că am putut să văd toate experienţele din viaţa mea mult mai clar. Pot să văd foarte clar acum modul în care toate deciziile pe care le-am luat mi-au creat viaţa actuală. Pot să văd cum deciziile mele au creat punctele mele forte, dar şi provocările. Diferenţa este că acum, după scrierea (şi citirea) acestei cărţi, înţeleg cât de puternici suntem cu toţii şi cât de aproape suntem cu adevărat de Creatorul tuturor lucrurilor. Am învăţat că ne desparte doar un pas de îngeri, că ei sunt doar la un pas distanţă de inteligenţa infinită care a creat tot ce ştim şi că toţi suntem interconectaţi la această sursă.

Acum, scopul meu este de a continua să explorez noi modalităţi de a accesa cât mai bine rezerva nelimitată de iubire, energie şi înţelepciune existentă în centrul fiinţei noastre şi să împărtăşesc aceste informaţii cu voi toţi.

Vă mulţumesc pentru că mă însoţiţi în călătorie,

*Gerry*

# Capitolul 2

## ATINS DE UN ÎNGER

*Îți promit că, dacă îți vei deschide mintea pentru a accepta conceptele din această carte, viața ta se va schimba!*

Bună, dragii mei, și bun venit! Sunt un înger. Nu spun asta la figurat. Chiar asta sunt! Exist încă dinainte de începutul a ceea ce cunoașteți voi drept timp și am fost printre primii creați, atunci când Creatorul s-a extins (sau Creatoarea, cum vreți) în tot ce știm că există astăzi.

Îngerii au fost creați pentru a fi co-creatori, pentru a dezvolta și separa lumina și întunericul, caldul și recele; toate creaturile care există pe pământ, în mare și în cer. Dacă ți L-ai imagina pe Creator ca Directorul General responsabil cu Creația, atunci noi am fost creați ca al doilea nivel de comandă. Esența spirituală a Creatorului s-a scindat în milioane de „directori executivi", fiecare având rolul de a pune în aplicare viziunea Creatorului de a-și extinde esența în eternitate. Am evoluat, aproape instantaneu, în rolurile noastre de protectori, mesageri, creatori, muze și voci ale armoniei fericite.

Numele meu este Margareta, deși, de-a lungul secolelor, am fost cunoscută cu multe alte nume. Încă din zorii timpului, am vorbit prin multe voci umane, iar toate au

transmis mesajul de pace, bucurie şi *lipsă de judecată*\*. La
începutul anilor 1990, am început să vorbesc cu Gerry. Aşa
cum v-a spus anterior, el se întreba ce anume îl califică pen-
tru a comunica cu îngerii. Nu era o persoană profund im-
plicată într-o comunitate religioasă şi nici nu avea calităţi
spirituale de sfânt. Dimpotrivă, era foarte uman şi plin de
calităţi foarte tipice omului. Ce m-a condus la el a fost fap-
tul că *m-a chemat*. Mi-a cerut să-l ajut în situaţii din viaţa
lui şi mi-a pus o întrebare, pe care nu o auzim prea des:
„Cum pot să te ajut?" Da, Gerry studiase pentru a-şi dez-
volta capacităţile spirituale de comunicare, ca să fie deschis
către mesagerii spirituali. Dar recunoaşterea faptului că era
pierdut şi exprimarea dorinţei de a mă cunoaşte l-au făcut
să vorbească cu mine – iar uşa s-a deschis.

„Nu poate fi atât de uşor", te aud spunând. „Toată lu-
mea ar putea să vorbească cu îngerii, dacă ar fi adevărat."
La asta răspund – ai dreptate! – toată lumea poate vorbi cu
îngerii. Scopul relaţiei mele cu Gerry şi a muncii pe care a
făcut-o el, de la întâlnirea noastră, este acela de a transmite
acest mesaj altora:

**Oricine poate vorbi cu îngerii, iar ei vă pot auzi!**

Acesta este un moment foarte important în istoria ome-
nirii. Îngerii încearcă să ajungă la cât mai mulţi oameni de
pe planetă, iar eu am ales să fac acest lucru prin această
carte, precum şi prin blogul *Mesaje de la Margareta*, pos-
tări pe Facebook şi alte comunicări pe care l-am rugat pe
Gerry să le transmită. Aceste tehnologii sunt cele mai po-
pulare forme de comunicare ale voastre. Noi încercăm să
transmitem aceste mesaje către milioane şi milioane de

---

\* În engleză: *nonjudgement. (n. ed.)*

persoane, care încearcă și ele să vorbească cu îngerii lor – aceiași îngeri care au ajutat la crearea lor și care vibrează profund în sufletele lor.

Ne cunoști deja. Ai vorbit deja cu noi, de mai multe ori. Noi suntem vocea interioară liniștită care te îndeamnă să verifici nivelul de benzină din rezervor, atunci când este aproape pe terminate. Noi suntem vocea muzei care îți suscită creativitatea sau vocea care îți spune că viața înseamnă mult mai mult decât lucrurile cu care te-ai împăcat deja. Suntem vocea care îți amintește să fii recunoscător atunci când îți amintești cât de multe ai, precum și vocea care te duce acasă atunci când este timpul să treci dincolo. Noi suntem vocea tăcută care există în sufletul tău.

Există un motiv pentru care această carte este atât de importantă acum; nu spun că nu era importantă și înainte, dar în energia de astăzi – de la nivel mondial – există o energie omniprezentă a fricii. Această frică ruinează economiile lumii, care sunt conduse de nevoia unei perspective optimiste asupra viitorului. Voi vă măsurați investițiile prin valoarea lor monetară, dar investițiile sunt, de fapt, visuri. Ele sunt visuri pentru viitor, care se bazează pe toate faptele ce pot fi adunate pentru a le susține. Frica omniprezentă împiedică crearea unor perspective pozitive și aduce o lipsă de încredere în viitor. Dar nu numai în economie se simte incertitudinea fricii. Există, în întreaga lume, o nemulțumire generală față de liderii săi. Oamenii sunt din ce în ce mai conștienți. Ei se ridică și cer dreptate, echitate și alți lideri, care să lucreze pentru binele general.

Oamenii fac apel la cineva sau la ceva, ca să le vină în ajutor, deoarece vă simțiți atât de neputincioși. Acesta nu e un lucru nou. De-a lungul istoriei, îngerii au răspuns la apelul de ajutor al oamenilor și i-au apărut fiecărui tip de om, oferind acelaşi mesaj, iar şi iar – *nu vă temeţi!* Spunem acest lucru nu pentru că oamenii cărora ne arătăm se tem de noi; de fapt, noi avem o energie pe care cei mai mulţi dintre ei o simt liniştitoare şi protectoare. Mesajul *de a nu se teme* este mesajul în sine. Frica este o emoţie polarizantă şi conduce la inerţie sau declin. Dar nu este, pur şi simplu, o emoţie; este o energie generală, puternică.

Cei care au ajuns la *această carte* au făcut asta întrucât ei caută o modalitate de a-şi înţelege poziţia lor în viaţă – şi a lumii în general.

*Cartea este concepută astfel încât să te ajute să înţelegi trei lucruri: cine eşti, de unde ai venit şi cum să preiei controlul destinaţiei spre care te îndrepţi, în mod pozitiv şi iubitor!*

Pentru mulţi dintre voi, unele dintre lucrurile pe care le voi spune în această carte vor fi foarte logice, pentru alţii ele vor rolul de a le pune la îndoială credinţele, iar alţii le vor considera chiar controversate.

*Îţi promit că, dacă îţi vei deschide mintea pentru a accepta conceptele din această carte, viaţa ta se va schimba!* Este imposibil să accepţi realitatea a cine eşti cu adevărat, iar acest lucru să nu creeze o energie diferită în jurul tău, ceea ce va crea, la rândul său, o realitate mai puternică şi mai fericită. Şi, în acelaşi timp, pe măsură ce citeşti această carte, energia mondială se schimbă, în aşa fel încât momentul schimbării tale de conştiinţă nu ar putea fi mai oportun.

Pace şi dragoste tuturor,
*Margareta*

# Capitolul 3

## MITUL CREAȚIEI

*Acum este prima dată când există potențialul*
*ca o mare parte a omenirii să înțeleagă că ea creează,*
*de fapt, această viață.*

Pentru a înțelege încotro te îndrepți și cum să ajungi acolo, este necesar, mai întâi, să înțelegi de unde ai plecat. Voi începe chiar de la început și voi desluși povestea creației, deoarece aceasta este cheia pentru tot ce ne aduce în acest moment crucial din istorie.

Unii cred că omenirea se îndreaptă spre zorii Armaggedonului, un sfârșit potrivit pentru o societate care a creat muniții capabile să distrugă majoritatea formelor de viață ce locuiesc, în prezent, pe Pământ.

Alții cred că se confirmă în mod clar profețiile religioase ale celei de-a doua veniri, în care Creatorul Îl va trimite pe Fiul Său pe Pământ, pentru a-i judeca pe cei vii și a-i distruge pe cei ce nu merită să fie pe această planetă, lăsându-i pe Pământ doar pe cei care vor crea o lume a păcii și a compasiunii.

Unii cred că Pământul, tensionat la maximum, va dezlănțui un torent de catastrofe naturale, care va lăsa planeta

remodelată sub o formă de nerecunoscut. Şi apoi, mai există
şi cei care cred că pe Pământ vor veni extratereştrii, pentru
a le împărtăşi cunoştinţe despre sisteme capabile să reducă
producţia de carbon de pe planetă şi pentru a o salva de la o
posibilă distrugere.

Atunci, de ce i-am cerut lui Gerry să scrie această
carte, când există deja atât de multe informaţii şi păreri? Pur
şi simplu, pentru că există potenţialul ca toate cele de mai
sus să fie adevărate... sau ca niciuna să nu fie adevărată...
*iar destinul final al planetei să fi fost plasat în mâinile tale
– dragă cititorule – şi ale celor asupra cărora ai influenţă.*

Nu e nicio greşeală sau eroare de tipar. Fiecare per-
soană care a fost atrasă de această carte a ales să devină o
cheie a supravieţuirii planetei şi a prietenilor sau a persoa-
nelor dragi. Dar, înainte de a alege să nu citeşti mai departe,
speriat de sentimentul de greutate care tocmai a fost pusă
pe umerii tăi, te rog să înţelegi foarte clar un lucru: Eşti
*deja* implicat în procesul decizional care priveşte destinul
planetei. Fiecare persoană de pe această planetă îşi decide
destinul final.

Ceea ce te face un factor de decizie se bazează nu pe
modul în care votezi, nici pe conştiinţa ta socială sau poli-
tică şi nici pe acţiunile sau inacţiunile tale. *Eşti un factor
de decizie, pur şi simplu, datorită unui singur lucru şi atât:
felul în care gândeşti. Gândul* originar a fost cel care a făcut
ca întreaga creaţie să devină realitate şi aceeaşi putere a fost
transmisă fiecărei persoane de pe această planetă. Ea te face
la fel de puternic ca preşedintele Statelor Unite sau ca orice
rege sau lider din orice ţară ori uniune de ţări.

Acum este prima dată când există potenţialul ca o
mare parte a omenirii să înţeleagă că ea *creează*, de fapt,
această viaţă. Când Iisus a spus: „Acestea şi multe altele

veți face", El îi spunea, de fapt, omenirii că este posibil ca toți oamenii să înfăptuiască miracole. El a mers chiar mai departe și a spus că forța conștiinței tale ți-a dat puterea de a face chiar mai multe decât El.

Gândul tău individual, care se combină cu gândurile individuale ale altora, prin intermediul unui proces numit Legea Rezonanței Magnetice, funcționează destul de simplu și este temelia întregii creații.

Vedeți voi, dragii mei, mulți ați fost învățați că la început a fost doar întuneric și Creatorul a dat naștere universului, gândindu-Se mai întâi la ceea ce Și-a dorit să creeze și apoi la cuvintele: „Să se facă lumină!" Acesta este mitul perpetuat peste secole, dar eu vă spun că, la început, a existat doar gândul și că gândul exista sub forma luminii pure și omniprezente, sau ceea ce voi numi originea *sarcinii magnetice pozitive*.

Această sarcină exista în extaz și într-o stare de conștiință pură, dar încerca să-și extindă și să-și împărtășească conștiința, ceea ce a fost începutul puterii gândului conștient. Dar, pentru a Se extinde, Creatorul și-a dat seama că ar trebui să pună în mișcare această energie și că va fi nevoie de un pol opus – o sarcină negativă care să permită crearea de materie și antimaterie – particule finite de creație, care vor ajunge să se numească „celule" și „atomi".

Creatorul Și-a contractat energia într-o formă mică, densă, creând prima fuziune. Explozia de energie rezultată, pe care unii o numesc Big Bang, a creat materia și antimateria, sarcinile pozitive și negative, precum și întunericul și lumina. Toate particulele, oricât de diferite ar fi fost, au fost interconectate cu Creatorul și cu o parte din esența Sa.

Au existat ființe noi, care au apărut din gândul original al Creatorului, începând, astfel, procesul pe care acum îl cunoaştem sub numele de *creaţie*. Primele fiinţe au fost îngerii, iar eu sunt onorată să mă număr printre primii dintre ei. Unii au fost creaţi din materia pozitivă, iar unii din cea negativă, unii ca fiinţe de lumină, iar alţii care nu se puteau conecta la lumină. Aceşti îngeri conţineau conştiinţa Creatorului şi au continuat să creeze, în acord cu gândurile Creatorului, un întreg univers, echilibrul perfect al tuturor lucrurilor luminoase şi al tuturor lucrurilor întunecate. Pozitivă şi negativă ca sarcină electrică, rezonanţa magnetică a acestor lucruri îi permite universului să fie ţinut la locul lui, prin atracţia dintre aceste polarităţi opuse.

Creaturile zilei şi ale nopţii au fost create şi aşa au existat... până când omenirea a descoperit focul şi şi-a dat seama că lumina şi căldura lui le-ar permite să-şi petreacă noaptea în stare de veghe. Acum suntem la începutul sfârşitului unei noi epoci a întunericului, iar omenirea este pe punctul de a descoperi o altă formă de lumină, care va schimba faţa viitorului.

Prin urmare, tot ce există este interconectat cu Creatorul, iniţiatorul *gândului* care i-a dat naştere creaţiei. După crearea îngerilor, Creatorul ne-a împărtăşit planul pentru restul universului, iar îngerii, la rândul lor, au continuat procesul şi au dat naştere nivelului următor, spiritele, ce urmau să locuiască în tot ce urma să se creeze. Voi sunteţi aceste spirite. În continuare, voi vorbi despre voi cu cuvintele *spirit complet, suflet* sau *sine superior*.

Suntem conectaţi între noi şi cu Creatorul, prin catenele a ceea ce voi numiţi ADN. Îngerul care te-a creat a ajutat, de asemenea, la crearea a mii şi mii de alţi oameni, plante, pietre şi alte creaturi, care au un fir creator comun cu tine. Legătura ta cu acel înger este ceea ce îl face protectorul tău – sau *înger păzitor*. Eşti o parte din conştiinţa acestui înger, la fel cum eşti o parte din conştiinţa Creatorului, şi toate fiinţele împărtăşesc aceste gânduri într-o conştiinţă universală sau colectivă. Aşa cum niciun fulg de zăpadă nu seamănă cu altul, nu există niciun *spirit complet* care să semene exact cu altul.

O parte din ceea ce te face atât de unic este abilitatea de a continua să te inventezi şi să te reinventezi, prin propria ta gândire creativă. E ca atunci când găteşti un fel de mâncare sau un tort. Fiecare ingredient individual are propria aromă, calitate sau textură, dar prin combinarea lor, în diferite cantităţi şi amestecuri, se creează arome complet noi, care au gustul lor unic. Dar totul a început de la aceleaşi ingrediente – exact ca şi întreaga creaţie.

Deci, dacă putem accepta faptul că, atunci când gătim un ou, el va avea un gust diferit în funcţie de ce alegem să-i adăugăm, brânză sau sos iute, atunci este logic că, aşa cum putem adăuga anumite elemente în mâncare, tot aşa putem adăuga anumite elemente în viaţa noastră globală, prin deciziile pe care le luăm şi prin lucrurile la care ne gândim, temporar sau în mod repetat.

Cele mai multe culturi vor fi de acord că modalitatea cea mai bună de a spune o poveste sau de a transmite un adevăr este prin intermediul unui *martor ocular* la respectiva poveste sau respectivul adevăr. Îngerii au fost şi sunt martori oculari ai Creaţiei şi a tot ce a urmat. Noi nu judecăm cum a evoluat istoria sau omenirea, ci, mai degrabă, noi doar asistăm, în adevăratul sens al cuvântului. Suntem o parte din tine, iar tu eşti o parte din noi şi, împreună, putem să intrăm în parteneriat cu Creatorul, pentru o lume a *creaţiei* complet nouă.

# Capitolul 4

## MITUL SEPARĂRII

*Dacă acceptăm că omenirea provine dintr-o energie sin-*
*gulară şi că această energie singulară stă în centrul*
*a tot ce există, atunci este logic că întreaga creaţie este,*
*la un anumit nivel, înrudită şi interconectată.*

Aşa cum am discutat în capitolul anterior, tot ce
există a provenit din aceeaşi sursă – Creatorul.
Aceste diferite forme ale energiei originale, modelate de
către îngeri individuali, au evoluat de-a lungul mai multor
încarnări, dar au rămas întotdeauna interconectate. Toate
creaturile se aseamănă prin faptul că sunt conectate la acest
miez fundamental, dar sunt diferite prin originalitatea lor,
prin unicitatea lor. Dacă nu ar exista această originalitate,
nu ar mai fi creaţii unice. V-aţi dori cu toţii aceleaşi lucruri –
aceeaşi mâncare, aceeaşi muzică, acelaşi Dumnezeu. Crea-
torul a intenţionat să Se *extindă*, prin naşterea de fiinţe care
să aibă o multitudine de capacităţi şi, ca atare, posibilităţile
de creare continuă să fie infinite.

Iar pentru a crea în mod constant noi expresii ale pla-
nului Creatorului, oamenii se încarnează în multe scenarii
diferite. Diferitele povestiri ale existenţei tale sunt ceea ce

multe sisteme de credinţe numesc *vieţi*. Pentru a încerca şi a înţelege mai bine acest concept, gândeşte-te la realizarea unui film. Există un început de poveste, un mijloc şi un sfârşit. Dacă filmul este despre viaţa sau zbuciumul unei persoane sau al unui grup de persoane, el va prezenta povestea din acest interval de timp. Uneori, vor exista continuări, astfel încât să putem afla mai multe despre evoluţia personajelor şi, în unele cazuri, există filme ce prezintă intervale de timp anterioare, care povestesc trecutul acestor personaje, poate chiar şi istoria familiei lor.

Acum imaginează-ţi, pentru un moment, că ţi-ai înregistrat povestea preferată şi că ai, puse în ordine, istoricul personajelor, povestea principală, precum şi continuările ei, iar apoi le urmăreşti *pe repede* înainte. Dacă ai face acest lucru, ai avea o uşoară percepţie a procesului de creaţie, pe măsură ce explodează şi se *extinde* în întregul univers. Vei vedea diferite poveşti interconectate, care reflectă informaţii din momente diferite, ce se desfăşoară simultan. De asemenea, dacă analizezi structura cuvântului *univers*, el ar putea să însemne o sintagmă sau un cuvânt sau o parte dintr-o poveste mai mare. La fel, universul creaţiei este o poveste cu multe piese diferite interconectate, care sunt toate în legătură cu gândul originar, ce a creat cuvântul originar.

Fiecare element al creaţiei reprezintă o parte din proiectul Creatorului de a se extinde şi numim trecerea timpului *istorie* sau, mai bine spus, *povestea lui.*[*] Povestea Lui a început mai întâi cu gândul despre poveste, iar apoi gândul s-a solidificat în energie, reducându-se într-o sferă uriaşă de lumină, iar apoi a explodat şi a devenit un milion de frag-

---

[*] *His-story,* cuvânt care în limba engleză înseamnă, de fapt, istorie. Despărţit de cratimă în două cuvinte, se poate traduce prin *povestea lui. (n.tr.)*

mente mici de sine, la fel cum se divizează celulele, atunci când oamenii creează viață, luând formă din ceea ce e lipsit de formă, creând o viață nouă din neantul infinit.

Acum, imaginează-ți că este creată o formă strâns înrudită cu inteligența infinită și că această formă este predominant spirit. Acesta își cunoaște natura sa infinită, dar are misiunea clară de a răspândi mai departe tot ce a avut în minte Creatorul odată cu gândul inițial – în esență, să răspândească *cuvântul*. Aceasta ar descrie crearea îngerilor, iar de la acest prim nivel al creației a fost creat universul și au început diferitele încarnări ale tuturor creaturilor.

Pe măsură ce am urmărit cum se materializează și evoluează creațiile noastre și cum acționează unele asupra celorlalte, ne-am rafinat creațiile, iar pe măsură ce rasa umană s-a dezvoltat, și voi ați început să faceți același lucru – ați pornit de la forma voastră spirituală perfectă și ați intrat în corp după corp, în poveste după poveste a formei fizice. Ați învățat cum să navigați în diferite forme, pentru a vă dezvolta gândirea, și cum să experimentați întreaga gamă a polarității esenței voastre. Ați fost buni și ați fost răi. Ați făcut parte din regnul vegetal și din cel mineral. Ați fost de sex masculin și ați fost de sex feminin, toate acestea întâmplându-se în ceea ce ați putea percepe, acum, că s-a petrecut cât ai clipi din ochi.

Esența energiei voastre – sinele vostru spirit sau ceea ce unii numesc *sine superior* – există separat, dar conectat la toate formele voastre umane și vă poate vedea în orice moment, în toate *poveștile* voastre – cuvântul pe care îl voi folosi pe măsură ce înaintez în acest capitol, în loc de *întrupări* sau *vieți*. Fac acest lucru, întrucât viețile voastre sunt, în esență, propriile voastre *povești creatoare*, care devin, apoi, o parte din antologia mai mare, cunoscută sub numele de *povestea lui* sau, din nou, ceea ce cunoaşteţi drept istorie. Asta este ceea ce conţine cu adevărat timpul, dacă ar exista un mod de a-l măsura. O viaţă este cuprinsă nu în măsurarea răsăriturilor şi apusurilor de soare, ci a poveştii tale de viaţă. Trăiţi şi reflectaţi asupra vieţilor voastre – aşa cum se întâmplă şi cu filmele – iar ele sunt examinate pentru a înţelege mai bine povestea mai mare. Iar în conştiinţa colectivă, aceste poveşti sunt împărtăşite şi celorlalţi, astfel încât toţi să poată experimenta bogăţia vastă a vieţii.

Vezi cum însăşi arta umană de a povesti, pe care toate culturile au dezvoltat-o, seamănă cu natura voastră spirituală? Toate culturile voastre au transmis legende, fabule, parabole şi mituri care conţin multe similitudini, deoarece provin din aceeaşi sursă.

Psihologul Carl Jung a exploatat acest concept în teoriile sale de analiză comportamentală şi l-a numit *inconştient colectiv*. El a descris experienţele colective care ar putea influenţa motivaţiile şi procesul decizional inconştient al unei persoane prin termenul de *inconştient personal*, iar experienţele care afectează tiparele de gândire ale omenirii, în general, prin termenul de *inconştient colectiv*. El a numit acest concept „minte inconştientă", deoarece persoana nu este conştientă de faptul că aceste tipare de gândire îi afectează comportamentul. Dintr-un punct de vedere mai larg, însă, aş dori să spun că gândirea raţională a omului fizic este, de fapt, inconştientul, pentru că nu este conştientă de imaginea de ansamblu pe care conştientul spiritual o vede.

Este interesant de notat faptul că aţi creat cuvântul *conştiinţă*, care, în esenţă, înseamnă a distinge între bine şi rău. Totuşi, dacă examinăm atent cuvântul, el poate fi împărţit în două: *con*, care vine de la „contrar", şi *ştiinţă*, care vine de la cuvântul latin ce înseamnă „cunoaştere"*. Prin urmare, conştiinţa ar putea fi interpretată în sensul „contrar a ceea ce ştiţi şi înţelegeţi în mod raţional". Această definiţie are sens, dacă te gândeşti că omenirea funcţionează într-o stare de inconştienţă, din care se ajunge la conştiinţă doar atunci când accesezi o perspectivă *mai amplă*.

Dacă acceptăm faptul că omenirea provine dintr-o energie singulară şi că această energie singulară stă în centrul a tot ce există, atunci este logic că întreaga creaţie este, la un anumit nivel, înrudită şi interconectată.

Indiferent de rasă, localizare geografică sau sistem de convingeri religioase, toţi sunteţi creaţi din aceeaşi substanţă originală, la fel ca regatul angelic şi toate lucrurile vii. Aşa cum noi L-am ajutat pe Creator să-Şi transpună gândul despre univers în realitate, şi voi faceţi la fel, iar noi vă asistăm în această lucrare, atunci când suntem chemaţi.

Această teorie a interconectării dintre oameni nu este nouă. Se vorbeşte despre ea de secole şi stă în centrul multor învăţături primite de la mulţi profeţi. De ce, atunci, este atât de greu de acceptat de către omenire? De ce simt oamenii nevoia de a fi mai buni decât altcineva, de ce simt că religia lor este mai bună decât cea a unei alte persoane sau că rasa lor este mai bună decât o alta? Răspunsul este chiar mai simplu decât v-aţi putea imagina.

Fiecare creatură are nevoia ca, la un anumit nivel, să se simtă în legătură cu Creatorul său. Esenţa Creatorului este aceea a unei fiinţe a iubirii pure şi mulţi dintre cei care au trecut prin experienţe în apropierea morţii s-au întors cu povestea în care intrau în lumină şi simţeau un sentiment extraordinar de căldură şi dragoste. Oamenii îşi amintesc

---

* *Con-science,* în limba engleză în original. *(n.tr.)*

acea stare din adâncul amintirilor lor neatinse, însă ei se îndepărtează de ele atunci când iau forma fizică, iar depărtarea devine și mai mare atunci când ieșim din corpul mamei noastre umane. Acest lucru pune în mișcare un sentiment de separare, care ne va determina să căutăm, prin mai multe moduri diferite, să refacem acel sentiment de conexiune. Îl vom simți, uneori, în prietenie sau în familie. Îl vom găsi, alteori, într-o relație sexuală sau în sentimentul de comunitate și în tradiția unei biserici; iar alții îl vor găsi, câteodată, în liniștea meditației și a altor practici spirituale.

Dar lucrul pe care tânjiți să-l simțiți este un sentiment de apartenență, de acceptare totală și necondiționată, de iubire necondiționată, de desăvârșire totală și de siguranță.

Dar, de cele mai multe ori, voi nu simțiți această conexiune, iar undeva, adânc în interiorul vostru, veți continua să o căutați în munca, în relațiile sau în religiile voastre; unii o găsesc chiar în droguri, alcool sau alte dependențe. Poate că nu sunteți conștienți de faptul că sunteți în căutarea acestei legături, dar, atunci când găsiți ceva ce seamănă oarecum cu ea, vreți să o păstrați și vă îngrijorați că, poate, nu este suficientă pentru toată lumea. Pentru că vedeți cu ochii umani și nu cu inima, care este mai strâns conectată la *esența* spiritului; vă vedeți diferiți de alte persoane și nu puteți să înțelegeți cum poate Creatorul să-l iubească pe celălalt, dacă este atât de diferit față de voi. Vreți să vă simțiți speciali. Vreți ca voi, familia și prietenii voștri să fiți speciali pentru Creator.

Am venit aici pentru a risipi acest mit al separării – să risipesc ideea pe care v-ați făcut-o – și anume aceea care spune că nicio persoană, niciun grup și nicio religie nu este mai importantă decât alta, în ochii Creatorului. Nu acesta este adevărul. Credința că ești într-un fel mai bun decât altul vine, de fapt, dintr-o nevoie de a te simți îndreptățit să primești iubirea Creatorului. Este dorința de a fi special. S-ar putea să apelezi la texte istorice, care arată că rasa ta sau modul tău de a gândi sunt, oarecum, preferate de Creator. Unii cred că e scris în *Biblie*, alții în *Vechiul Testament*, în *Cartea lui Mormon* și așa mai departe. E ca și cum un copil concurează pentru atenția și dragostea mamei sau a tatălui, încercând să arate cum un alt frate a făcut ceva rău sau a „încălcat regulile". În acest fel, copilul îl face atent pe părinte că celălalt copil este mai puțin demn de dragostea lui decât „copilul bun", care este el. Când îl judeci pe altul, afișezi, în esență, exact același comportament – încerci să-ți insufli sentimentul că ești „copilul bun" sau „copilul îndreptățit" să primească iubire.

Am venit astăzi să vă spun, într-o manieră foarte clasică, angelică, să nu vă temeți. Iubirea Creatorului se îndreaptă către voi toți, pentru că sunteți cu toții o parte din Creator și El este o parte din voi toți. Nicio religie nu este corectă și nicio religie nu este greșită. Toate sunt expresii ale dorinței de a reface legătura cu divinul. Nicio rasă nu este preferată. Acestea sunt doar *gânduri* pe care le-ați creat pentru a vă face să vă simțiți mai bine. Considerând că aveți dreptul de a-i judeca pe alții, vă îndepărtați de *esența* ființei voastre, iar atunci când o faceți vă credeți mai „buni". Acesta este motivul pentru care unii profeți și Iisus au spus: „Nu judeca, pentru a nu fi judecat." El nu vorbea despre judecata Creatorului, ci mai degrabă de energia pe care o atrageți atunci când judecați – pentru că, atunci când judecați pe altcineva, vă întăriți credința că sunteți mai valoroși în ochii Creatorului, ceea ce neagă faptul că El se află în voi toți – nu în afara voastră – și vă separați atunci și mai mult. Expresia: „Orice îi faci celei mai mărunte dintre creațiile mele, îmi faci mie" se referă la oamenii care îi atribuie o valoare creaţiei şi, prin urmare, îşi atribuie lor înşişi o valoare în raport cu Creatorul. Trebuie să înţelegeţi că, doar fiindcă ceva a fost creat într-o anumită ordine, sau ierarhie, asta nu înseamnă că un lucru este mai puţin sau mai mult important faţă de întreaga creaţie. Când construieşti o maşină, unul dintre ultimele lucruri care se montează la ea este bateria – însă maşina nu va funcţiona fără ea.

Niciun grăunte de nisip de pe o plajă nu este mai important decât altul. Nicio picătură de ploaie care vă asigură nevoia de apă de băut nu este privită cu mai multă importanţă decât alta. Totul vine de la Creator, ca parte a marelui echilibru, a măreţei armonii şi a unităţii tuturor lucrurilor.

Notele înalte şi joase de pe scara muzicală, atunci când sunt combinate cu notele primare, creează melodii şi acorduri minunate. Acordurile muzicale sunt ca nişte corzi care unesc şi ţin totul împreună. Sunt fibre de sunet care conectează notele individuale între ele, permiţându-le să exprime în muzică ceea ce este valabil pentru tot ce e viu. Fiecare persoană vibrează cu frecvenţa şi tonul propriu, dar împreună, fiecare notă individuală creează cântece şi mari compoziţii şi simfonii colective. Suntem cu toţii instrumente individuale care îşi cântă propria melodie individuală, ca parte din întreaga orchestraţie, la fel cum poveştile voastre individuale fac parte din istorie. Uneori, piesa este frumoasă, liniştitoare şi melodică, iar alteori e întunecată şi prevestitoare de rău, dar totul face parte din frumuseţea creaţiei.

Toţi creăm. Toţi orchestrăm. Toţi suntem artişti, iar în cuvintele marelui vizionar William Shakespeare: „Întreaga lume este o scenă."

A crede că tot ce există este separat e un mit – şi este timpul ca miturile să fie destrămate.

# Capitolul 5

## MITUL TIMPULUI

*[...] trăiești într-un loc unde există un spațiu minuscul între trecut, prezent și viitor, iar prin citirea cuvintelor de pe această pagină, ai trăit trecutul, prezentul și viitorul – toate, în spațiul unei respirații.*

Cunoașteți cu toții controversa legată de anul 2012, datorită unui singur lucru: calendarul mayaș. Exista concepția populară potrivit căreia acest calendar, care marca timpul doar până în ultima lună a anului 2012, indica faptul că acesta este, prin urmare, sfârșitul vieții așa cum o știm. Am spus întotdeauna că nu acesta este cazul și că temerile sunt nefondate, iar la începutul anului 2012 arheologii au descoperit alte scrieri, care arată o continuare a acestui calendar. Dar, chiar dacă ele nu ar fi fost descoperite, cât de exactă este consemnarea timpului?

Calendarul a evoluat, pentru a marca tipare solare și alte activități planetare, și a fost rafinat pentru a se adapta la inexplicabilele schimbări din tiparele anotimpurilor, care reapar după un anumit număr de ani. Mă amuză cât de importante au devenit calendarele. Omenirea le-a acceptat atât de mult, încât ați creat poezii despre „Lunile septembrie,

aprilie, iunie şi noiembrie au câte 30 de zile", iar toate cele-
lalte luni au 31 de zile, cu excepţia lunii februarie, care are
28 de zile, în afară de cazul când are, uneori, câte 29. Pe cât
de arbitrar sună toate acestea, le acceptaţi cu toţii ca şi când
ar fi o ştiinţă exactă! Mi se par la fel de interesante lucrurile
pe care omenirea a ajuns să le numească *ştiinţă*.

Dar ce este şi mai interesant în privinţa calendarelor e
faptul că oamenii sunt singurele creaturi de pe planetă care
le folosesc. Orice altă creatură trăieşte un singur moment
şi un răsărit de soare până la căderea nopţii, onorând trece-
rea fiecărei clipe şi stabilindu-şi un model de comportament
care i se pare cel mai potrivit pentru corpul său, în cadrul
respectivei existenţe. Numai omenirea marchează punctele
culminante ale vieţii ei, trecând anumite numere pe o bucată
de hârtie care, în esenţă, face acelaşi lucru – şi anume: mar-
chează trecerea de la lumină la întuneric, echilibrul perfect a
ceea ce a fost proiectat la creaţie. Timpul a fost disecat până
în cele mai mici intervale posibile şi vă împărtăşesc că, la
baza acestui marcaj al timpului, a stat nevoia de a înţelege
şi de a controla două lucruri: să se ştie cum să se planifice
creşterea culturilor şi să se încerce să preconizeze cât timp ar
dura o societate. În zilele noastre, calendarele sunt folosite
mai mult pentru comoditate, planificare şi marcarea repere-
lor importante – fie personale, fie cele care marchează mo-
mente cruciale în dezvoltarea omenirii.

Dar există lucruri care sfidează definiţia confortabilă
a timpului. În timp ce citeşti aceste cuvinte, te deplasezi de
la prezent la trecut, efectiv, cât ai clipi din ochi. Cuvintele
pe care tocmai le-ai citit sunt în trecut... iar, acum, aceste
cuvinte sunt în trecut... şi vezi... s-a întâmplat din nou... cu-
vinte în trecut! Poţi să vezi ce linie fină delimitează prezen-
tul de trecut? Ea este măsurată în nanosecunde şi, ca atare,

asta înseamnă că trăieşti într-un loc unde există un spaţiu minuscul între trecut, prezent şi viitor, iar prin citirea cuvintelor de pe această pagină, ai trăit trecutul, prezentul şi viitorul – toate, în spaţiul unei respiraţii.

Un alt exemplu de curbare a timpului există în capacitatea de a vorbi cu o persoană din celălalt capăt al planetei, dintr-un alt fus orar. Vorbeşti la telefon de la New York în California, cu cineva care trăieşte în trecut, iar tu eşti în viitor, dacă putem spune aşa. Sau, atunci când vorbeşti cu cineva de pe un alt continent, ai putea, de fapt, să vorbeşti cu cineva care este cu o zi întreagă înainte sau după timpul tău – şi, totuşi, vorbeşti cu ea în ceea ce numiţi timp real. Gândeşte-te la asta pentru o clipă. Când te uiţi printr-un telescop în spaţiu, vezi imagini care sunt, efectiv, la ani-lumină distanţă. Îmi place acest termen, pentru că este atât de exact. Creatorul, fiinţa de Lumină, a creat un univers atât de vast, încât totul este la distanţe măsurate în ani-lumină, în trecut sau în viitor. Dacă te uiţi prin telescop astăzi, imaginile pe care le vezi s-au petrecut cu mult în trecut. Pentru ochii fizici, totul se întâmplă aici şi acum, însă vezi imaginea creaţiei sau a distrugerii, care a avut loc cu mult timp în urmă.

Măsurarea timpului este într-adevăr foarte fluidă. Am putea fi foarte bine în anul 2600 sau mai mult, dacă timpul nu ar fi fost împărţit în î.e.n. şi e.n. Timpul a fost creat pentru a vă oferi o modalitate de a măsura, la fel ca un etalon sau o cană gradată. Este mijlocul prin care încerci să recreezi cu o oarecare regularitate, astfel încât să poţi avea mai mult control asupra a ceea ce a părut de multe ori să fie un proces creator aleatoriu.

Iar dacă timpul este oarecum iluzoriu, atunci de ce este atât de important să creaţi calendare de lungă durată? De ce, de-a lungul istoriei, oamenii au studiat stelele şi miş-

carea soarelui? Ce încercau ei să afle? În principal, au aflat
că anumite fenomene astrologice creează tipare. Ei au ur-
mărit modul în care copiii născuţi în cicluri specifice ale
Pământului, în diferite perioade (cultivare, seceriş şi arat),
au anumite caracteristici comportamentale. Au aflat că lo-
cul şi ora când apare o viaţă, într-o anumită poziţionare as-
trologică a stelelor şi a planetelor, erau importante pentru
structura şi caracteristicile acelei persoane. Ei au observat
ceea ce Jung avea să numească mai târziu *comportamentele
colective ale adulţilor născuţi în cicluri diferite* şi au văzut
că generaţii întregi repetau anumite comportamente.

Unele generaţii aveau oameni cărora le plăcea mai
mult războiul, iar altele, oameni care iubeau pacea. Unii erau
mai creativi şi mai talentaţi, în timp ce alţii lucrau din greu
şi produceau mai multe culturi sau locuinţe. Pe baza acestor
lucruri, ei au început să dezvolte un calendar ce prezenta ten-
dinţele posibile ale descendenţilor acelei generaţii, precum şi
modul în care tendinţele de creştere a resurselor de hrană ale
pământului puteau fi influenţate de aceste cicluri stelare.

De asemenea, au mai văzut că, la un anumit număr
de ani, apăreau salturi cuantice în cunoaşterea dobândită de
oameni. Din nou, acest lucru se baza atât pe istoria compor-
tamentelor pe care le observau că se repetă, cât şi pe caracte-
risticile pe care le prevedeau. Primii creatori ai calendarelor
au fost o combinaţie între ceea ce aţi numi astronomi şi as-
trologi, iar ei au încercat să creeze un sistem care să-i ajute
să prezică modul în care oamenii interacţionează cu ordinea
naturală. Pentru a face aceasta, ei au încercat să aplice un
anumit tip de metodă matematică, metodă care să reflecte
progresia răsăriturilor şi a apusurilor de soare şi, astfel, s-au
născut primele calendare. I-aş numi pe aceşti primi măsură-
tori ai timpului *astro-numerologi*.

Trasarea aspectelor astrologice ale comportamentului unei persoane dezvăluie o mare parte de adevăr. Mai întâi, haideți să examinăm cuvântul *astrologie*, ca fundament al științei. Termenul *astro* se referă la forța de atracție sau de respingere astro-magnetică exercitată într-un anumit punct din timp, cum ar fi ora nașterii, iar *logie* [engl: *logical*] se referă la ceea ce poate fi prezis cu un anumit grad de precizie, pe baza studiului anumitor variabile.

Mulți învățați din vechime erau foarte pricepuți la interpretarea astrologică a istoriei și, ca atare, erau la fel de capabili să facă o predicție, oarecum clară, a viitorului. Nu există, desigur, niciun mod adecvat de a prezice viitorul în totalitate, deoarece fiecare ființă este impregnată cu caracteristica *liberului arbitru*. Acest liber arbitru îți permite să iei decizii în orice moment dat, decizii care vor schimba complet focalizarea viitorului tău și al altora, iar de cele mai multe ori aceste decizii nu pot fi ușor de prezis.

Deci, dacă suntem de acord cu faptul că omenirea poate, în zilele noastre, să folosească tehnologia care, în esență, curbează parametrii timpului și cu faptul că, datorită capacității voastre de a lua decizii cu liber arbitru, este dificil, dacă nu chiar imposibil, să prezici întotdeauna cu exactitate activitatea umană, atunci aș formula teoria că timpul și crearea de măsurători ale timpului sunt, în esență, eronate. Ele sunt, prin urmare, un mit care vă leagă de un alt concept al propriilor voastre limitări. Mai mult, vă plasează în poziția de a vă concentra pe trecut sau viitor, în asemenea măsură încât mulți uită de singurul loc care deține întreaga voastră putere energetică – momentul prezent. Așa că, acum, la fel cum omenirea a creat timpul, a sosit momentul ca omenirea să accepte că își poate extinde conceptele.

# Capitolul 6

## FURTUNA PERFECTĂ

*Voi, omenirea, ați creat furtuna perfectă de cunoștințe,*
*acces la comunicare, dependență financiară a celor aflați la*
*putere de mase și o nouă generație, care a crescut fără să fi*
*cunoscut vremuri în care nu au existat aceste instrumente.*
*Schimbarea substanțială și transferul de putere înapoi*
*la oamenii de rând sunt, prin urmare, inevitabile.*

Deci, haideți să vedem unde am ajuns până acum. Am vorbit într-un capitol anterior despre esența creației și despre modul în care omenirea este, în egală măsură, o parte a expansiunii creative, așa cum sunt îngerii și Creatorul. Am vorbit apoi despre faptul că proiectarea gândurilor în trecut sau viitor se bazează, de fapt, pe teorii limitate ale timpului, construite plecând de la calendare care nu au nicio valabilitate științifică reală. Dezvoltând în continuare conceptul de timp, am discutat despre mitul separării, care ne-a indicat că fiecare întrupare din fiecare perioadă istorică se întâmplă toate în același timp și fac parte din antologia mai amplă, inspirată de povestea originală scrisă de Creator și interpretată de voi, autorii individuali cunoscuți drept *omenire*.

Modul în care reacţionaţi la aceste informaţii poate depinde foarte mult de credinţele şi percepţiile voastre actuale. Întrucât oamenii sunt autorii propriilor lor poveşti şi întrucât există miliarde de poveşti care se desfăşoară doar pe această planetă, atunci e clar că există o multitudine de interpretări. Multe vor căpăta formă în funcţie de conştiinţa autorului şi în funcţie de atitudinea lui faţă de viaţă, adică în funcţie de felul în care obişnuişte să vadă paharul: „pe jumătate plin" sau „pe jumătate gol".

Cei care privesc viaţa ca pe un pahar pe jumătate gol subscriu la teoriile cataclismice şi cred că, dacă vă uitaţi la ceea ce se întâmplă în jurul vostru – războaie, probleme economice, creşterea numărului de dezastre naturale, condiţiile de mediu extreme şi lupta voastră continuă pentru supravieţuire – aceştia sunt indicatori ce arată clar că lumea se află pe o cale greşită. Pentru ei, este foarte probabil ca lumea să se îndrepte spre un anumit tip de sfârşit cataclismic.

Pentru grupul „paharul pe jumătate plin", lumea se schimbă în bine. Oamenii cheltuie mai puţin şi economisesc mai mult. Ei văd o dezvoltare a grijii faţă de mediu, nu numai în cazul guvernelor, dar şi în cazul oamenilor, în general. Ei văd modul în care comunităţile de pe Internet, cum ar fi cele de pe Facebook şi Twitter, au conectat planeta şi au stimulat capacitatea grupurilor de necunoscuţi iubitori de libertate să planteze sămânţa răsturnării guvernelor. Ei consideră că acesta este doar începutul!

Dar există şi un al treilea grup. Acesta este grupul despre care se vorbeşte foarte rar. Ei văd doar un pahar cu apă în el, iar singura lor întrebare nu este dacă paharul este pe jumătate gol sau plin, ci dacă este apă de la robinet sau îmbuteliată. Acesta este cel mai mare grup din lume, în acest moment. Ei sunt oameni care îşi trăiesc zilnic viaţa într-un vid de interes logic față de sine, fără prea multă grijă – sau chiar deloc – față de efectul lor asupra viitorului. Ei își folosesc întreaga concentrare doar pentru a trăi de pe o zi pe alta, de la o săptămână la alta, zi după zi și salariu după salariu. Aceasta este majoritatea lipsită de drepturi, care este obosită de politică și nu mai crede în organizațiile guvernamentale sau religioase.

Nu le pasă de acuratețea calendarelor și le displac dezastrele naturale despre care aud la știri, dar sunt fericiți că aceste lucruri nu li se întâmplă lor. Mulți ar dori să facă ceva diferit cu viața lor, dar se simt blocați în situațiile și în locul unde se află. Ei vor să vadă paharul pe jumătate plin, dar au fost dezamăgiți de atâtea ori, încât paharul pe jumătate plin s-a evaporat, pur și simplu, în fața ochilor lor, astfel că ar prefera să nu se gândească deloc la pahar.

Aș îndrăzni să spun că este posibil – chiar dacă te identifici cu o persoană care vede paharul pe jumătate plin sau pe jumătate gol – ca atunci când am descris acest ultim grup, să te identifici și cu el, iar asta e un lucru bun! Înseamnă că ți-ai acceptat viața ca ființă umană, că ești conștient de faptul că ai venit aici într-un corp uman și, în primul rând, îți onorezi preocupările tale umane. Se spune că, deși ai băut și din paharul pe jumătate gol și din cel pe jumătate plin, ești în continuare dispus să bei din nou. Voi, dragii mei, veți fi factorul decisiv care va determina ce va însemna, de fapt, viitorul pentru omenire.

Sunteți grupul care va determina mentalitatea din gospodăriile, cartierele, țările voastre și, în cele din urmă, de pe planetă! Puterea conștiinței voastre creatoare este atât de puternică încât, dacă e canalizată în mod corect, puteți transforma dezamăgirea în realizare.* Realizarea poate fi atunci când ajungi într-o poziție superioară prin eforturile proprii. În schimb, dezamăgirea se referă la tristețea sau regretul care apare atunci când ceva la care ai sperat sau la care te-ai așteptat nu dă roade.

În procesul de creație, ați fost *desemnați* de către Creator să vă folosiți abilitățile inerente, pentru a extinde creația. Pentru a face acest lucru, ați creat instrumente care să vă ajute să stabiliți obiective și să măsurați succesul acțiunilor voastre. Unul dintre instrumentele pe care le-ați creat este timpul. Măsurarea timpului vă permite să normați sarcina generală pe care v-a dat-o Creatorul în sarcini mai mici, pentru a rezolva anumite lucruri care au un scop specific. Faceți o programare la dentist ca parte a sarcinii mai mari de a avea grijă de corpul pe care îl locuiți. Puteți alege să participați la o strângere de fonduri, în scopul de a-i ajuta pe cei care nu sunt atât de binecuvântați de soartă.

Dezamăgirea vine în momentul în care vă dați seama că nu ați avut realizări, când promisiunile nu au fost respectate și când puteți simți, în adâncul sufletului, că *nu așa trebuiau să fie lucrurile*.

Acest sentiment de dezamăgire profundă față de liderii pe care i-ați numit pentru a vă ajuta să vă realizați obiectivele a condus la lipsa de încredere pe care cei mai mulți oameni o au acum în guverne, biserici, instituții financiare, întreprinderi și, uneori, chiar în ei înșiși sau unul față de celălalt.

Dar trebuie să aveți încredere în voi și în capacitatea creatoare a fratelui vostru; exact de asta este nevoie în acest moment. Puteți transforma încrederea în materializare, pu-

---

* Joc de cuvinte intraductibil între *disappointment – dezamăgire* și *appointment – numire, programare;* în lb. engleză în original. *(n.tr.)* .

teți transforma frustrarea în creație și, în cele din urmă, puteți transforma paharul pe jumătate plin sau pe jumătate gol într-un pahar care dă tot timpul pe dinafară. Acestea și multe altele sunt la îndemâna voastră și toate vă stau în putere. Este dreptul vostru din naștere – pentru că a existat în voi înainte de această naștere și continuă să mai existe în voi! Trebuie doar să-l accesați, pentru a-i permite să iasă la suprafață.

Fie că vă numiți generația *baby boom*, generația X, generația Y, yuppi, hippie, faceți parte ori din cei 99%, ori din cei 1% – indiferent de grupul cu care vă identificați – și toți ați decis să vă nașteți și să trăiți în această perioadă din istorie. Este timpul pentru schimbare. Schimbarea este singura constantă din univers. Voi vă schimbați mereu. Nu există două zile care să fie exact la fel. Îmbătrâniți, învățați lucruri noi și evoluați. Unii dintre voi au văzut, poate, versiunea originală a serialului TV *Star Trek*. Echipajul avea dispozitive de comunicare fără fir care, pe vremea producerii filmului, erau în mod clar science-fiction. Astăzi, aproape că toți comunicați cu ajutorul telefoanelor mobile, fără să vă gândiți o clipă la modul lor de funcționare sau la felul în care acest concept science-fiction a devenit realitate. Tot ce există acum a început doar ca un gând – în primul rând de la Creator, apoi de la îngeri și apoi de la omenire. Sunteți creatori și autori a tot ce este ficțiune și non-ficțiune. Toate gândurile încep ca ficțiune. Totul începe fiind ceva din afara tărâmului realității. Dar apoi gândul atrage energia care îl ajută să devină realitate. Energia care se aseamănă se atrage.

V-aș ruga să vă gândiți, pentru un moment, la cât de multe lucruri s-au schimbat doar în timpul vieții voastre. Gândiți-vă la perioada copilăriei, la ce aveați și la ce făceați – și la cât de diferit e acum.

Gerry a făcut acest lucru şi şi-a amintit de primul televizor la care se uita, care avea un ecran foarte mic, era alb-negru şi căruia îi trebuiau câteva minute pentru a se încălzi. Când începea să funcţioneze, erau doar şapte canale. Recepţia era complet controlată de antena de cameră, care stătea deasupra televizorului şi o mişcai în toate direcţiile pentru a prinde o imagine cu cât mai puţini „purici".

Telefonul familiei lui Gerry avea un cablu gros şi era un obiect negru şi greu, cu un disc care conţinea cifrele. În tinereţea lui, erau atât de puţine linii telefonice încât familia lui Gerry împărţea aceeaşi linie cu o altă familie. Adesea, atunci când voiau să folosească telefonul, cealaltă familie vorbea deja, iar ei trebuiau să aştepte până când ceilalţi terminau convorbirea. Era, totuşi, o metodă foarte bună de a trage cu urechea!

Totul se schimbă, iar în ultimii 100 de ani lucrurile s-au schimbat în proporţii cuantice. În cursul anilor ce vor veni, se vor schimba şi mai repede. De-a lungul istoriei acestei planete, omenirea a făcut salturi uriaşe în înţelegerea lucrurilor pe care poate să le facă. Aminteşte-ţi că, doar în ultimii 150 de ani, invenţii precum becul şi energia electrică au început să se folosească la scară largă.

Schimbările din anii care vin – şi în special din viitorul imediat – vor fi alimentate de tehnologie, iar această tehnologie este cea care îi apropie pe oameni şi formează o comunitate globală. Este o nouă perioadă de salt evolutiv, iar când te uiţi în trecut, poţi să observi că evoluţia planetei Pământ a avut loc în salturi foarte specifice.

Aţi plecat de la vânătorul-culegătorul individual şi aţi ajuns la o societate agrară mai evoluată, în care unii oameni trăiau în comunităţi la sate şi, mai târziu, în oraşe.

Când a venit epoca industrială, s-a înregistrat un alt salt major în cunoaştere, iar omenirea a dezvoltat capacitatea de a fabrica produse la o capacitate mult mai mare, pentru a avea grijă de persoane răspândite în zone geografice mult mai mari.

Aţi dezvoltat sisteme de transport pentru a transporta aceste produse, de la căruţele cu cai, la bărci, trenuri şi, în final, avioane. Gândiţi-vă cum, odinioară, doar exploratorii puteau călători în toată lumea; acum, oricine îşi poate permite poate să o facă.

Invenţii precum maşina de tipărit au permis ca ştirile şi cunoştinţele să fie transmise mai multor persoane, datorită uşurinţei în reproducerea cuvântul tipărit.

Apoi aţi trecut în epoca electronică, iar inventarea radioului, a imaginilor în mişcare şi, în cele din urmă, a televiziunii, le-a permis oamenilor atât să se distreze, cât şi să comunice cu cei din cealaltă parte a lumii. Din nou, lumea devenea mai mică, dar puterea de a folosi aceste instrumente noi a fost întotdeauna în mâinile celor bogaţi şi puternici.

Ajungem în prezent, iar vremurile încep să se schimbe. Cel care controlează comunicarea controlează puterea şi a devenit din ce în ce mai evident, în ultimii ani, că Internetul – în special Facebook, Twitter şi YouTube – a devenit nu numai o modalitate prin care oamenii să vorbească despre ce fac diseară, ci şi o platformă pentru profunde schimbări sociale şi mutaţii de putere la nivel guvernamental. Tehnologia evoluează atât de repede, încât este foarte posibil ca, până când vei termina de citit această carte, să existe instrumente de comunicare mai noi şi mai incitante, care vor uni planeta chiar mai mult.

Aţi navigat de la era agrară, la era industrială, apoi la era informaţiilor şi suntem pe punctul de a intra într-o altă eră – *era conştiinţei!* Poate că vă amintiţi că am vorbit pe scurt despre esenţa conştiinţei. Conştiinţa este spaţiul unde mintea intră în legătură cu *esenţa* Creatorului şi, astfel, individul dezvoltă capacitatea de a transcende logica, care îi poate limita, uneori, natura creativă. Acesta este locul care nu vede ceea ce este, ci mai degrabă ceea ce poate fi.

Schimbarea actuală îi permite individului să devină puternic, dincolo de limitările pe care el (sau ea) şi societatea le-au stabilit. Este un teren de joacă absolut nou, care extinde cunoaşterea globală, noile prietenii şi un sentiment crescut de responsabilitate de sine. Oamenii se îndreaptă spre o perioadă mai simplă, care îi va încuraja şi ajuta pe indivizi să ceară mai puţin de la guverne şi mai mult de la ei înşişi. Acest lucru, împreună cu reţelele sociale mai dezvoltate, îi va permite omenirii să aibă, cu adevărat, potenţialul de a deveni o planetă unită. Iar partea cea mai bună este că însăşi corporaţiile care susţin creşterea tuturor acestor dispozitive de comunicare la nivel mondial se fac dependente financiar de individ, astfel încât orice acţiune de limitare a creşterii lor nu va avea loc, pentru că nu este în interesul financiar al acestor companii.

Voi, omenirea, aţi creat furtuna perfectă de cunoştinţe, acces la comunicare, dependenţă financiară a celor aflaţi la putere de mase şi o nouă generaţie, care a crescut fără să fi cunoscut vremuri în care nu au existat aceste instrumente. Schimbarea substanţială şi transferul de putere înapoi la oamenii de rând sunt, prin urmare, inevitabile. Ceea ce şi face acest lucru foarte interesant. În dorinţa lor de a crea un sistem de comunicare la nivel mondial – dorinţă care a fost motivată de creşterea profiturilor – marile corporaţii au creat, de fapt, o comunitate la nivel mondial. Această comunitate globală ajută la risipirea mitului separării şi spulberă mitul timpului, prin contactul constant cu fani, prieteni şi like-uri din toate zonele de timp – de azi, mâine şi ieri.

Însă partea cea mai importantă a formelor actuale de comunicare şi a rolului lor în risipirea mitului separării este aceea că majoritatea informaţiilor, a cunoştinţelor şi a *creativităţii* – care sunt atât de uşor accesate – sunt *împărtăşite*!

Omenirea îşi împărtăşeşte pasiunile, furia, frumuseţea şi, bineînţeles, pozele ei preferate cu pisoi drăguţi! Construiţi o comunitate planetară a schimbării, care începe cu un singur cuvânt – *împărtăşeşte (share)!*

# Capitolul 7

## PILDA REGELUI ȘI A „MATERIEI"

*Trebuie doar să crezi că ești mai mult decât materia pe*
*care o vezi în oglindă și nu trebuie să-ți pui întreaga încredere*
*în oamenii de știință, în filosofi sau în liderii religioși,*
*dacă inima ta nu rezonează cu mesajul lor [...].*

De ani de zile, omenirea caută răspunsuri la întrebările despre propria sa existență. De unde venim? Încotro ne îndreptăm? Mai există ceva după această viață? Iar din acest proces de gândire s-au dezvoltat trei discipline: știința, filozofia și religia.

Disciplina științei și, odată cu ea, matematica și fizica încearcă să determine că există o ordine în univers și că această ordine ar dovedi că totul are o formulă. *Formulă* este un cuvânt interesant pentru mine, deoarece implică faptul că tot ce are formă sau materie – și, prin urmare, are o măsură cuantificabilă – i-ar permite minții umane să o facă mai ușor de înțeles și potențial controlabilă. Știința poate fi un lucru uimitor, iar ea a evoluat până în punctul în care noi „realități" sunt create în fiecare zi. Progresele uimitoare în comunicarea celulară, chirurgia robotică și în studiul originilor voastre spațiale sunt fascinante și minunate.

De fapt, *există* o ordine perfectă în tot ce există în univers și există o logică matematică perfectă în forma sa. Dar o parte din misterul științei este că această formă este fluidă, întotdeauna în schimbare și creată în permanență. Până și cei ce lucrează în domeniul științei noetice au demonstrat că structura celulară a unei substanțe poate fi modificată atunci când oamenii de știință o influențează cu gândul. De exemplu, s-a demonstrat că poți schimba structura microscopică a apei, dacă transmiți către ea cuvinte care sunt fie supărătoare pentru mintea umană, fie reconfortante și liniștitoare. Apoi, apa din recipientele respective a fost înghețată, iar apa către care au fost transmise cuvinte iubitoare a dezvoltat cristale frumoase. În schimb, apa informată cu cuvinte ce exprimă frică sau ură a creat formațiuni urâte de cristale.[*] Aceasta este o parte a miracolului creației care îi scapă logicii *convenționale*.

Pentru mulți oameni de știință, munca lor se face într-un vid – o separare de genul biserică-și-stat. Pentru mulți lideri religioși, știința este considerată dușmanul credinței, deoarece sfidează scrierile tradiționale din cărțile sfinte, prin încercarea de a oferi explicații logice pentru lucruri despre care se spune că sunt mai presus de înțelegerea muritorilor.

Filozofia face legătura între cele două lumi, deoarece dorește să creeze procese raționale de gândire, în jurul unor concepte ezoterice complicate, cum ar fi: „Cuget, deci exist." Filozofia încearcă să explice condiția umană, relația dintre om și Dumnezeu și esența vocii din capul vostru, care se numește gând. Astăzi, există chiar și religii care ajung la convingerile lor printr-o combinație de știință și filozofie și cu o idee vagă de credință în necunoscut.

---

[*] Vedeți experimentele făcute de dr. Masaru Emoto *(n.ed.)*

Timp de secole, cele trei facţiuni s-au luptat între ele – sau mai bine zis s-au combătut una pe cealaltă – pentru a demonstra care metodă de gândire este cea mai validă. Diferite culturi au păreri diferite cu privire la gândirea corectă, iar mulţi adoptă o combinaţie de gânduri independente ale disciplinelor.

Am venit astăzi ca să vă spun că toate cele trei discipline au potenţialul de a fi corecte sau incorecte. Toate trei fac parte din adevărul mai mare. Întrucât poveştile sunt, adesea, cea mai bună formă de comunicare a unui concept complex, aş dori să vă prezint următoarea poveste:

## Ce este materia?

*Cu mult, mult timp în urmă, a existat un rege foarte înţelept, care era foarte iubit de poporul său. Şi asta, deoarece crease un regat care respecta şi proteja gândurile individuale ale supuşilor săi. Aici găseai oameni de ştiinţă şi filosofi, precum şi diferiţi practicieni ai sistemelor de credinţe religioase şi ai ocultismului. Acceptarea sistemelor de gândire variate de către rege nu era, în totalitate, altruistă. El credea că, pentru a fi atotputernic, era necesar să fie conştient de toate căile care îi puteau aduce putere şi, astfel, el şi consilierii lui cei mai credincioşi învăţau de la toţi cei care practicau diferitele modalităţi de gândire şi credinţă.*

*Într-o zi, în timp ce se plimba prin grădinile palatului său, regele a văzut o baltă de lichid auriu, strânsă la rădăcina unui chiparos. A atins lichidul, care era atât rece cât şi cald şi care a devenit solid atunci când picăturile i-au atins degetele. Când a suflat în el, lichidul a căpătat altă formă, iar apoi a revenit la forma lui originală, dar creştea mai mare cu fiecare respiraţie. Regele i-a chemat pe oamenii de ştiinţă, care l-au examinat şi au determinat că lichidul putea fi o formă de aur, care s-a dizolvat şi nu a mai putut să se întărească. Dar când au încercat să-l adune într-un vas, indiferent cât de mult luau, cantitatea iniţială rămânea neschimbată. După ce au umplut 60 de vase cu substanţa aurie, au fost uimiţi şi au stabilit că trebuia să existe un izvor subteran. Dar nu i-au putut găsi sursa.*

*Pierzându-şi răbdarea, regele i-a chemat pe liderii religioşi. Unii au privit fenomenul ca pe o vrajă aruncată de un inamic, care ar produce un aur ce nu poate fi folosit sau solidificat. Alţii l-au considerat o binecuvântare şi un semn de la zei, prin care ei îşi transmiteau aprecierea faţă de rege, deoarece el era cel care găsise substanţa. Unii credeau că regele ar trebui să toarne lichidul într-o matriţă, pentru a crea o coroană, întrucât, în mod clar, era o substanţă foarte puternică, iar dacă regele i-ar fi dat o formă, care era simbolul poziţiei lui, acest lucru ar fi demonstrat puterea lui şi modul în care zeii îl respectau. Alţii au considerat că ar trebui să fie pregătit un mare sacrificiu pentru a le mulţumi zeilor, pentru că le-au dăruit această substanţă nouă, iar alţii credeau că acest lucru creează idoli falşi şi că ar trebui ca substanţa să fie îngropată şi ignorată, ea fiind o ispită.*

*Regele a ascultat, iar apoi i-a chemat pe marii lui gânditori, pe filosofi, ca să vorbească despre semnificaţia materiei şi despre ce ar putea fi. Unii s-au întrebat dacă materia există cu adevărat sau dacă nu cumva este doar un vis. Alţii au recunoscut că materia există, însă capacitatea ei de a se re-crea, de a lua diferite forme şi de a rămâne totuşi la fel însemna că această substanţă ar putea fi esenţa substanţei originale, pe care regele, datorită naturii sale înţelepte, a descoperit-o, în timp ce alţii nu au observat-o. Dar nu au putut să vină cu o teorie clară despre natura substanţei respective. Ei au fost de acord că, dacă avea formă şi era vizibilă pentru fiecare dintre ei, atunci exista, iar ei toţi puteau să o vadă, să o simtă, să o miroasă şi chiar să o guste.*

*Regele s-a gândit mult şi bine la toate teoriile, iar apoi a ieşit în acea seară, ca să stea lângă chiparos şi să se gândească. Dar când a ajuns la copac, lichidul auriu dispăruse, iar frunzele copacului preluaseră aceeaşi nuanţă aurie şi cădeau pe pământ. A crezut la început că lichidul a fost furat şi a chemat gărzile, dar tocmai atunci oamenii de ştiinţă au venit să-i spună că lichidul din vase dispăruse şi el, exact în faţa ochilor lor – de la formă, la nimic.*

*Regele s-a întors în apartamentul său pentru a încerca să înţeleagă ceva din toate acestea. A meditat asupra acestor gânduri:*

- *A existat o materie pe care am putut să o văd astăzi şi nu am mai văzut-o niciodată înainte.*
- *Ea putea să se schimbe de la starea lichidă la cea solidă, în funcţie de ceea ce o atingea.*
- *Atunci când suflam în ea, creştea.*
- *Chiar dacă a fost pusă în recipiente, a rămas în forma sa iniţială, de la sursă.*
- *Apoi a dispărut, la fel cum a apărut. Unde se dusese şi de unde venise... era un mister total.*

*S-a gândit şi s-a tot gândit până când, în cele din urmă, a căzut într-un somn adânc şi a început să viseze. În visul lui, zbura pe spatele unei păsări mari, care l-a dus pe vârful unui munte foarte înalt. Odată ajuns acolo, a găsit un palat de aur, frumos, iar înăuntru a văzut un bărbat care medita lângă un chiparos. Omul era strălucitor şi, în acelaşi timp, părea aproape transparent. Când regele s-a apropiat de el, a fost şocat să vadă că omul semăna perfect cu el.*

– *Deci, a spus omul, ai venit aici ca să cauţi răspunsuri la întrebările tale?*

– *Nu sunt sigur, a răspuns regele. Cine eşti tu şi de ce arăţi ca mine?*

*Omul transparent a râs şi a spus:*

– *Nu, tu arăţi ca mine!*

**Dacă nu ar fi fost în palatul acestui om, regele ar fi fost indignat de faptul că cineva se dădea drept el – dar i-a permis să vorbească în continuare.**

– *Ai venit aici, în timpul visului, pentru a găsi răspuns la întrebarea despre ceva ce ai găsit de curând. Te întrebi despre natura materiei.*

– *Da, te rog, îi cunoşti originea? a întrebat regele.*

*Omul a zâmbit şi a spus:*

– *Originea ei vine de la originea tuturor lucrurilor. Ea vine de la sursă şi este transmutată în forma care va extinde cel mai bine conştiinţa celui care o vede. Apare la un moment dat în timp şi îşi trăieşte viaţa şi, deşi poate fi remodelată, nu îşi pierde niciodată esenţa sa originală. De fapt, atunci când sufli viaţă asupra ei, creşte şi devine mai mult decât a fost la origine. Iar în cele din urmă, a spus el, se va întoarce, într-o zi, la locul ei de origine şi va dispărea la fel de uşor cum a apărut.*

*Deşi explicaţia era prea complicată pentru ca mintea regelui să o înţeleagă, a simţit cum inima lui procesează informaţiile, iar ochii i s-au umplut de lacrimi, la conştientizarea faptului că undeva, adânc în el, exista amintirea unui moment când înţelegea acest lucru – şi toate lucrurile.*

– *Înţelegi, acum, de ce ai primit această viziune astăzi, a spus bărbatul. Materia ţi-a apărut sub forma aurului, întrucât a luat o formă care să-ţi permită s-o vezi ca pe un lucru de valoare. Oamenii tăi de ştiinţă au încercat să afle o metodă de a găsi originea apariţiei sale, astfel încât valoarea ei să poată fi reprodusă şi controlată. Liderii tăi religioşi au încercat să-i atribuie un sens substanţei, care să-ţi permită să re-creezi materia în putere şi, cumva, să o foloseşti pentru a spune că ai o relaţie mai apropiată cu zeii decât au alţii. Iar în cele din urmă filosofii: aceştia, neputând să decidă ce este materia, au decis că, dacă a dispărut, înseamnă, probabil, că nu a existat niciodată. Sau că tu, datorită intelectului tău deosebit, ai descoperit ceva ce gânditorii mai mici nu au observat, poziţionându-te, din nou, mai presus de toţi ceilalţi.*

*— Iar când materia a dispărut, a zis regele, am început să mă îndoiesc de faptul că am văzut-o. Mă întrebam cu ce am greşit când am primit acest cadou ce apoi mi s-a luat, ca şi cum aş fi fost pedepsit. Cum le-aş putea explica acest lucru oamenilor mei şi, în acelaşi timp, să nu se îndoiască de faptul că sunt potrivit pentru a le fi conducător? Dacă eu sunt supus greşelii, atunci nu merit să conduc!*

*Bărbatul s-a uitat la rege şi i-a zis:*

*— Când mama şi tatăl tău şi-au împărtăşit dragostea, au insuflat viaţă într-o formă nouă — care ai fost tu — şi ai venit într-o existenţă fizică, deşi nu ai existat înainte de acea clipă. De-a lungul anilor, mulţi au încercat să te modeleze într-o formă valoroasă pentru ei şi, adesea, ai luat aceste forme, dar ai rămas în continuare tu. Iar când a venit vremea ca mama şi tatăl tău să moară, în ambele cazuri ai stat lângă patul lor şi te-ai întrebat unde au plecat. Erau acolo, iar apoi, la fel cum suflarea de viaţă i-a format, suflarea vieţii i-a părăsit şi au dispărut. Dar, întotdeauna, materia lor, de la esenţa din care au venit, încă mai există. Şi indiferent de forma pe care o ia materia — aur sau ţărâna de sub picioare — ea are o valoare egală. **Toată materia este egală!***

*– Eu, a mai spus omul, sunt tu. Suntem unul. Eu sunt esenţa creaţiei tale şi exist indiferent de forma pe care o iei. Voi continua să exist şi să te inspir şi voi răspunde la întrebările tale interioare, atunci când vei dori să evoluezi dincolo de ceea ce ştii. Trebuie doar să crezi că eşti mai mult decât materia pe care o vezi în oglindă şi nu trebuie să-ţi pui întreaga încredere în oamenii de ştiinţă, în filosofi sau în liderii religioşi, dacă inima ta nu rezonează cu mesajul lor, pentru că, de multe ori, ei au dreptate – şi greşesc de multe ori. Este normal.*

*Apoi, regele s-a trezit şi, amintindu-şi visul, i-a chemat pe oamenii de ştiinţă, pe liderii religioşi şi pe filosofi şi le-a spus că a ajuns la înţelegerea faptului că, din moment ce materia a apărut din neant, iar neantul este necunoscut, prin urmare, el decretează că nimeni nu ar trebui să se teamă de necunoscut, pentru că **neantul este materia**. Şi, din moment ce întreaga materie a venit de la sursă, atunci toate lucrurile trebuie să fie tratate ca fiind egale! El a decretat că, din acel moment înainte, toţi oamenii din regatul lui vor putea să participe pe deplin la viziunea lor despre cum va fi materia lor personală. Din acel moment, toţi supuşii urmau să fie trataţi în mod egal.*

*– Dar cum vom controla fluxul de avere, bogăţii şi putere, dacă toţi oamenii sunt egali? l-au întrebat atunci consilierii săi. Măria Ta, dacă nu eşti mai mare decât un servitor, atunci servitorii vor fi trataţi cu acelaşi respect ca regele!*

*La această afirmaţie, regele a zâmbit şi a spus:*
*– Şi dacă este aşa... care ar fi problema?*

Poate că vă amintiţi că, în capitolele anterioare, v-am avertizat cu privire la adevărul că sunteţi fiinţe foarte puternice. Pe măsură ce vom începe să explorăm acest nou adevăr, prin care se recunoaşte faptul că voi, cei care citiți această carte, sunteți la fel de puternici ca orice preşedinte sau rege, veți înțelege că ființa, esența şi gândurile voastre fac parte din aceeaşi energie creatoare din care sunt alcătuite toate lucrurile. „Materia" din parabolă este un simbol al *sufletului* întregii materii care a fost creată. Ea a apărut odată cu gândul Creatorului şi, apoi, prin suflarea de viață dată materiei de către co-creatori, fie ei angelici sau umani, materia ia forme noi şi diferite.

Gândurile co-creatorilor vor determina modul în care materia va fi modelată. Ea poate fi zămislită în ceva ce va contribui la extinderea sursei tuturor lucrurilor sau în ceva ce va restrânge fluxul, în încercarea de a-l opri. Bărbatul pe care l-a întâlnit regele în visul său era esența lui, sufletul lui, sinele lui superior – acea formă spirituală pe care am explicat-o într-un capitol anterior şi care veghează asupra tuturor poveştilor simultane pe care le-ați creat.

În cele din urmă, am încheiat pilda când regele a înțeles că: *Neantul este materie*. Dacă te afli într-o situație în care te temi să nu-ți pierzi puterea, pentru că alții au gânduri, opinii sau niveluri de bogăție diferite, atunci gândurile tale sunt conduse de modul în care percepi materia. Când îți dai seama că întreaga materie vine din aceeaşi sursă – şi că această sursă este o ființă plină de iubire infinită – atunci vei permite curgerea acestei iubiri, care se află la baza tuturor lucrurilor pe care le-a conceput Creatorul. Atunci, toate lucrurile vor avea acea dragoste insuflată în ele şi vor continua să se extindă în iubire, mult dincolo de dimensiunea recipientului original. Şi vei trăi fără să-ți mai fie teamă de lipsuri sau de pierderea puterii personale.

Forma vine din gândire. Dacă poți urmări de unde provin gândurile, atunci vei fi capabil să înțelegi mai bine ce experienţe formezi pentru tine însuţi. Dacă eşti într-o stare de frică, ură sau concurenţă, atunci eşti pe cale să atragi experienţe care se formează în jurul dorinţei de a experimenta aceste gânduri.

Nu este vorba despre karmă. Mai degrabă, atunci când te gândeşti la ceva şi îi dai putere printr-o emoţie, activezi Legea Rezonanţei Magnetice, pentru a atrage această experienţă spre tine. Deşi poate fi greu de înţeles, chiar aşa se întâmplă. Nu eşti numai ceea ce mănânci; eşti şi ceea ce gândeşti! Sufletul tău încearcă să înţeleagă fiecare aspect al condiţiei umane, pentru că atunci poate înţelege cum iubirea poate să vindece respectiva condiţie şi cum esenţa originală a Creatorului poate fi refăcută – şi încă la o capacitate şi mai mare. Tot ce există în univers încearcă să se extindă, într-o formă sau alta.

# Capitolul 8

## INTEGRAREA ADEVĂRULUI TĂU INTERIOR

*Adevărul despre adevăr este că îl cunoști deja!*
*Ai fost creat să îți înțelegi esența ființei, să-i înțelegi*
*pe creatorii tăi, pe Creatorul original, precum și tot ce ai creat*
*tu drept răspuns. Dar, întrucât tu, pe parcursul timpului,*
*ți-ai plasat energia în forme de viață cu o densitate mai mare,*
*ți-ai pierdut o parte din claritate.*

Există momente de revelație, știu, când toți ați spus „Aha!" Este acea clipă când înțelegi un concept care înainte era străin pentru tine. Sau, uneori, este acel moment când îți dai seama că viața este mai mult decât ți-ai fi imaginat, iar această înțelegere îți schimbă ritmul întregii vieți.

Pentru multe persoane, aceste momente de revelație apar atunci când citesc ceva, se uită la un film sau au o conversație profundă în care cineva explică ceva, astfel încât informația ajunge în adâncul ființei lor. Este locul unde se află casa și esența lor reală și, în acel moment, intră în legătură cu conștiința sinelui superior – sinele lor real. Acel sentiment special apare atunci când creierul, trupul și sufletul sunt aliniate. Există şi alte expresii pe care le folosiţi pentru a descrie această experienţă:

• Asta chiar m-a atins.
• Asta m-a făcut să înţeleg.
• Nu mă aşteptam la asta.
• M-a lovit din senin.
• M-a mişcat până în străfunduri.

Este, alături de déjà-vu, una dintre puţinele experienţe spirituale de comuniune pe care le trăiesc aproape toţi oamenii şi, ca atare, vă uneşte printr-o legătură globală. De asemenea, este cheia acestui capitol.

Adevărul despre adevăr este că îl cunoşti deja! Ai fost creat să îţi înţelegi esenţa fiinţei, să-i înţelegi pe creatorii tăi, pe Creatorul original, precum şi tot ce ai creat tu drept răspuns. Dar, întrucât tu, pe parcursul timpului, ţi-ai plasat energia în forme de viaţă cu o densitate mai mare, ţi-ai pierdut o parte din claritate.

Gândeşte-te logic la asta. Să spunem că faci o cană de ceai cu gheaţă şi pui ceaiul într-un recipient transparent. Ceaiul pare să aibă o culoare şi îi poţi vedea esenţa. Acum, să ne imaginăm că îl torni într-un pahar albastru intens, într-un pahar de sticlă mată şi într-un pahar din plastic, care este complet opac. Dacă te uiţi la pahare din lateral, acestea vor conţine acelaşi lichid, dar va fi greu de spus ce conţin.

Dacă priveşti de sus, atunci vei vedea că, indiferent de recipient, conţin acelaşi lichid. Privind la pahare dintr-un unghi situat deasupra punctului de vedere convenţional, trăieşti acel moment de revelaţie, în care spui: „Aha!"

Când îţi aminteşti că, indiferent de forma pe care o locuieşti în prezent – bărbat, femeie, negru, alb, asiatic, hispanic – sau de veşmântul tradiţional pe care-l porţi, fie că este vorba de un șal, un sari, un turban, o yarmulke sau un costum, sub el există același „ceai cu gheață" inițial!

Aceasta este esența adevărului. Atunci când oamenii caută o cale spre adevăr, ei caută, pur și simplu, momentele în care spun: „Aha!" Încercați să învățați cum să vă poziționați gândirea, relațiile, munca și viața, în așa fel încât să puteți vedea paharul de sus și să fiți întotdeauna conștienți de locul vostru în întreg.

Acesta este motivul pentru care, într-un capitol anterior, am spus că nu contează dacă vezi paharul pe jumătate plin sau pe jumătate gol, pentru că, dacă ești în căutarea adevărului, în cele din urmă ajungi să înțelegi că ceea ce umple toate paharele este aceeași băutură minunată. Unii ar putea, prin sistemele de credință și moștenirea lor, să vadă băutura ca apă, iar alții ca ceai, vin, bere... și lista poate continua la nesfârșit. Dar ideea este că toți suntem alcătuiți din aceeași materie. Suntem cu toții aceeași combinație de aer și gaze, lichide și solide; tot ce diferă este nuanța și densitatea vasului.

Oare acesta este motivul pentru care, atunci când cineva nu înțelege ceva, spui despre acea persoană că este „opacă" sau „nu foarte strălucită"? Din cauza densității formelor fizice pe care le-ai luat, ești, adesea, incapabil să te conectezi la lumină și, prin urmare, ești prea opac pentru a înțelege sau pentru a reflecta lumina, în cel mai strălucitor mod!

Acest lucru s-a schimbat odată cu trecerea timpului. Forma fizică s-a micșorat în timp, pe măsură ce nevoia oamenilor de a efectua muncă fizică pentru a-și asigura supraviețuirea s-a diminuat. Cei mai mulți oameni au profesii ce necesită mult mai multă activitate mentală decât fizică, iar acest lucru a permis și reducerea densității conexiunii fizice minte-corp-spirit. De asemenea, acest lucru a condus la o egalizare a muncii efectuate de bărbați și femei, permițându-le astfel femeilor să contribuie la o parte mai mare din procesul de creație la nivel mondial, iar bărbaților să se deschidă către abilități mai intuitive, care sunt învățate prin creșterea copiilor.

În acest timp, spiritele care au venit în forme de bărbat și de femeie au ajuns să înțeleagă mai bine ce înseamnă să joci rolul tradițional al celuilalt sex. Și cum acest adevăr începe să aducă cu sine diferite moduri de a vă poziționa gândirea, vă permite tuturor să jonglați puțin, pentru a încerca să vedeți mai bine paharul – de sus. Vă permite acceptarea universală a adevărurilor fundamentale despre rolul de părinte și despre comunitate. Economia nesigură a creat, de asemenea, din ce în ce mai multe familii extinse, care se întorc la adevărurile ce au fost deja înțelese de către multe popoare tribale. Mulți copii sunt crescuți de către bunici, iar noile tipuri de familii s-au schimbat, pentru a ține pasul cu o lume care se transformă din ce în ce mai repede. Pe măsură ce comunitatea globală se extinde, multe unități familiale se întorc la familia extinsă, clasică.

Mult adevăr poate fi învățat din sfatul bătrânilor și chiar mai mult poate fi aflat din gura copiilor. A venit timpul să vă deschideți mintea spre înțelepciunea bătrânilor, a tinerilor și a tuturor oamenilor în general, întrucât în adevărul lor v-ați putea găsi propria esență. A venit timpul ca voi toți să vă amintiți și să vă acceptați propriul adevăr interior.

# Capitolul 9

## SEXUALITATEA UMANĂ ȘI SUFLETUL

*Sunt mulți care cred cu adevărat că cea mai mare zonă erogenă este creierul, dar, mai degrabă, este sufletul însuși.*

Imaginează-ți, doar pentru o clipă, că sufletul sau spiritul tău nu are organe sexuale, dar este capabil de o energie și de o exprimare sexuală ce depășește cu mult orice ai putea înțelege în prezent. Aceasta este esența reală a energiei tale sexuale. Sunt mulți care cred cu adevărat că cea mai mare zonă erogenă este creierul, dar, mai degrabă, este sufletul însuși. Cele mai profunde percepții și experiențe pe care le ai ca om își au originea în spirit.

Acum imaginează-ți, pentru un moment, că sufletul tău – sinele tău superior – decide să experimenteze vieți sau, cum am spus în capitolele anterioare, povești, în multe forme diferite. Unele pot fi ca bărbat, iar unele ca femeie. Dar imaginează-ți, de asemenea, că, în unele cazuri, un suflet individual alege să experimenteze mai multe dintre aceste vieți mai degrabă într-una dintre forme, decât în cealaltă. Ce se întâmplă atunci este că memoria colectivă a experienței sufletului este de așa natură încât el devine mai obișnuit cu *sentimentele și senzualitatea* unei forme, în defavoarea celeilalte.

Asta va face ca sufletul să aibă o atracţie sexuală copleşitoare... *din punctul de vedere al acelei forme pe care sufletul a experimentat-o cel mai frecvent.* Sau cu alte cuvinte, dacă ai intrat în această poveste ca bărbat, dar ai trăit predominant poveşti ca femeie, atunci există probabilitatea ca energia ta să fie impregnată cu caracteristicile predominante ale unei femei – sau este posibil să ai toate caracteristicile culturale obişnuite ale unui bărbat, dar să fii atras de acelaşi sex.

Ca spirit, nu există nicio judecată în această situaţie, deoarece sexualitatea este considerată o expresie a *energiei spirituale*, dar ca fiinţe umane care trăiesc în obiceiurile sociale ale diferitelor culturi, acest lucru poate crea o situaţie foarte dificilă. Asta va face ca mulţi oameni să-şi reprime şi să lupte cu aceste sentimente interioare, deoarece li se spune că nu este acceptabil din punct de vedere social.

Vorbesc aici despre confuzia care apare, adesea, atunci când *energia sexuală* – care este, la origine, înrudită cu energia creatoare – părăseşte capacitatea nelimitată a spiritului şi intră în forma fizică umană. Odată ce acest lucru se produce, energia devine limitată de moravurile acceptate ale societăţii în care trăieşte persoana. Deci, dacă acel suflet este atras, în această viaţă, de o altă formă de acelaşi sex, multe societăţi consideră că acest comportament este dezgustător. Dar ce se întâmplă, de fapt, este adevărata expresie a acestei energii spirituale. Prin urmare, vorbesc aici despre ceea ce voi numi în continuare *adevărul* despre homosexualitate.

Există oameni care ştiu de la o vârstă foarte fragedă că simt o atracţie copleşitoare faţă de acelaşi sex, la fel cum majoritatea celor care sunt atraşi de sexul opus au, încă din copilărie, o reacţie instinctuală în acest sens. Există oameni care se simt atât de nelalocul lor în propriile trupuri – vasele actuale ale energiei lor sexuale – încât acest lucru îi determină să treacă printr-un proces de schimbare a structurii lor fizice, pentru a căpăta un sex diferit. Pentru ei, momentul „Aha!" vine atunci când își permit să acționeze potrivit *adevărului* a ceea ce simt profund că este sentimentul lor copleșitor de atracție și în conformitate cu ceea ce le aduce pace în suflete.

Homosexualitatea nu este o monstruozitate, ci, mai degrabă, este o exprimare *adevărată* a spiritului unei persoane care se luptă să fie văzută – în ciuda structurii vasului în care se află. Se mai întâmplă uneori, desigur, ca orice formă de sexualitate să fie învățată sau să devină parte din experimentare. Și, din nou, din punct de vedere spiritual, nu este nimic în neregulă cu cel care alege să-și exprime liber sexualitatea. Dar nu acesta este cazul atunci când vorbesc despre *cunoașterea mai profundă* a *energiei* tale sexuale primare.

Multe culturi încep să înțeleagă acest lucru la un nivel mai profund, iar acum se observă că din ce în ce mai multe state și țări încep să accepte faptul că drepturile homosexualilor ar trebui să fie recunoscute și protejate. Cu toate acestea, sunt mulți care încearcă în continuare să reprime și să limiteze expresia iubirii într-o dogmă foarte specifică. Am auzit conceptul potrivit căruia Dumnezeu nu i-a creat pe „Adam și Steve", ci i-a creat pe Adam și pe Eva. În realitate, Creatorul a făcut totul, iar fiecare experiență cu care se confruntă omenirea este parte din polaritatea de energie pe care a creat-o El, în scopul de a extinde Lumina. Iar Lumina este iubire, prin urmare, orice extinde iubirea, indiferent de forma de expresie sau de forma pe care o ia, extinde iubirea Creatorului. Acesta nu este un concept nou. Este ceva ce multe popoare tribale, în special amerindienii, cunoșteau și respectau. Persoana care avea atât spiritul unui bărbat, cât și pe cel al unei femei, într-un singur trup, era considerată a fi o persoană sacră. Erau mai degrabă protejați, decât abuzați.

„Gay" – care în limba engleză înseamnă *vesel, viu colorat, pestriţ, pitoresc* şi, mai nou, *homosexual* – este un cuvânt care, în cele mai multe limbi, descrie o situaţie de fericire. Sau, dacă cineva era viu colorat, asta însemna că era strălucitor şi plin de culoare. A fi „gay" în societatea de acum înseamnă că ai ales să urmăreşti ceea ce te face fericit, chiar dacă acest lucru se împotriveşte normelor sociale – înseamnă să fii *adevărat* cu tine însuţi. Simbolul pe care mişcarea homosexualilor l-a adoptat este curcubeul. Luminos şi plin de culoare, curcubeul include toate culorile spectrului pe care le reflectă lumina. Este atât de potrivit – deoarece energia sexuală/creatoare începe în acelaşi fel – ca expresie multifaţetată a luminii Creatorului.

Există complicaţii suplimentare care ar putea apărea în exprimarea energiei sexuale a sufletului şi care trec dincolo de homosexualitate. De exemplu, dacă există un alt suflet cu care ai dezvoltat o legătură strânsă în alte vieţi sau în alte stări ale spiritului, poţi să întâlneşti această persoană în viaţa actuală. Această legătură va fi preluată în forma umană şi, uneori, dacă ai împărtăşit această legătură din alte relaţii într-un mod sexual, atunci vei încerca să o împărtăşeşti din nou. Iar această persoană poate intra în viaţa ta când te afli deja într-o altă relaţie. Acest lucru poate provoca, de multe ori, confuzie, din cauza atracţiei copleşitoare. Adesea, mai multe suflete-pereche se pot întrupa în aceeaşi poveste, iar acest lucru poate fi originea emoţiilor confuze şi a infidelităţii. Repet, sufletul nu exprimă dragostea, creativitatea şi energia sexuală în acelaşi context ca şi forma fizică, astfel încât acest lucru poate fi foarte confuz şi dureros pentru oameni.

Motivul pentru care explic aceste lucruri nu este acela de a crea şi mai multă confuzie, ci, mai degrabă, de a vă cere tuturor să vă abţineţi de la a judeca pe cineva care îşi exprimă identitatea sexuală unică sau energia sexuală. Structurile pe care societatea modernă le-a dezvoltat în jurul expresiei energiei sexuale sunt foarte provocatoare pentru puterea, uneori copleşitoare, a energiei.

În mod clar, nu vorbesc aici de nicio activitate sexuală care nu este consensuală sau care este comisă asupra celor care nu au maturitatea sau înţelegerea de a consimţi. Nu vorbesc nici de cei care manipulează emoţiile sau energia sexuală a altora prin neadevăruri. Vorbesc de cei care vor, doar, să li se permită să-şi exprime esenţa energiei lor, în orice mod iubitor ar alege.

Atunci când te vei întoarce la spirit, nu te vei judeca în privinţa modului în care îţi exprimi energia sexuală, atâta timp cât *adevărul* este motivaţia acţiunilor tale. Dar dacă te numeri printre cei care îi manipulează pe ceilalţi prin minciuni sau înşelăciune în numele iubirii sau dacă judeci modul în care altcineva îşi exprimă dragostea, atunci te vei judeca pentru asta când vei reveni – deoarece vei trăi durerea pe care ai provocat-o prin acţiunile şi judecăţile tale. Aceasta nu este o pedeapsă, ci un instrument pentru o înţelegere mai profundă şi pentru evoluţie spirituală. O parte din scopul acestei cărţi este acela de a te ajuta să eviţi obligaţia de a trebui să înveţi aceste lecţii spirituale, punându-ţi la dispoziţie cunoaşterea care îţi va permite să-ţi trăieşti viaţa ca fiinţă umană care nu emite judecăţi de valoare.

Adevărul chiar te va elibera!

# Capitolul 10

## UN SINGUR CREATOR, MULTE RELIGII, ÎNTOTDEAUNA ÎNGERI

*[...] în ochii Creatorului, nu există nicio religie adevărată. Nu există niciun sistem care Îl onorează mai bine, dacă acest sistem se consideră superior altui sistem.*

Adevărul este că există doar un singur Creator. Aveți diferite nume pentru Creator, în funcție de religia pe care o practicați, dar El este unul singur, care răspunde la toate numele, fără preferință. Creatorul a pus în mișcare tot ce există în prezent și va continua să existe. Am discutat deja începutul creației și evoluția îngerilor, dar aș dori să mă concentrez puțin mai detaliat asupra a ceea ce s-a întâmplat apoi.

După crearea îngerilor, a urmat crearea *întregului* spirit – esența tuturor oamenilor și a celorlalte forme de creație! Acest spirit, care există în fiecare dintre voi, este adesea numit și *suflet*.

Ați fost creați ca o versiune energetică puțin mai densă a creației îngerilor, iar forma voastră a primit capacitatea – ca și în cazul celorlalte creaturi – de a cuprinde polaritatea sexuală a genelor masculine și feminine.

Acest lucru a fost făcut astfel încât creaturile fizice să aibă capacitatea de a perpetua în continuare specia.

Spiritele umane originale nu au fost biblicii Adam şi Eva. Povestea care gravitează în jurul lor a fost creată cu scopul de a-i oferi omenirii un fundal pentru a înţelege faptul că au fost mai mulţi care au apărut din creaţia directă a Creatorului şi care erau cu toţii interconectaţi. Au fost multe suflete create în momentul a ceea ce voi numiţi Big Bang. Aceste suflete originare ştiau totul despre Creator şi se desfătau în lumina iubirii sale pure. Dar, în acelaşi timp, erau conştiente şi de energiile întunericului.

Nu poţi crea densitate doar cu lumină. Trebuie să existe şi spaţii de întuneric. Trebuie să existe materie şi trebuie să existe antimaterie. Trebuie să existe o sarcină pozitivă şi una negativă, ca să se creeze electricitatea ce declanşează ceva, pentru a experimenta viaţa. Asta este ceea ce ţine totul împreună. (Din nou, vă rog să nu interpretaţi cuvântul întuneric în sensul rău. Vorbesc despre întuneric doar ca absenţă a luminii, iar lumina ar putea să fie, de asemenea, interpretată în sensul de *înţelegere completă*.)

Dacă ar alege să cunoască doar lumina, sufletele nu ar putea să experimenteze o gamă largă de emoţii şi trăiri ce le-ar permite să continue să creeze noi experienţe pentru evoluţie energetică. Ca atare, îngerul care a fost primul creat din întuneric – care poseda aproape întreaga cunoaştere a universului, la fel ca şi Creatorul, şi care este numit de voi Lucifer – a adus sufletelor nou create oportunitatea de a experimenta esenţa lor mai profundă. El i-a întrebat dacă ar vrea să le arate întunericul – sau, mai exact, absenţa luminii... *şi aceasta s-a întâmplat cu acordul Creatorului!* întrucât, dacă nu ar exista întunericul pentru a fi comparat cu lumina, atunci ce anume l-ar face pe cineva să aleagă în mod conştient una sau alta? Cum ar aprecia cineva răsăritul sau apusul de soare, dacă nu ar fi existat niciodată noaptea sau frumuseţea lunii pline? Cum ar putea aprecia cineva căldura luminii, dacă nu ar simţi răceala dată de lipsa acesteia? Şi cum ar putea cineva experimenta sentimentul de iubire, dacă nimeni nu ar putea să cunoască lipsa acesteia?

Acesta a fost pasul premergător în creaţia *liberului arbitru* în suflet. Creatorul v-a dat posibilitatea de a alege dacă rămâneţi spirite sau dacă alegeţi să deveniţi creatori activi, care iau decizii.

Actul de a accepta conştientizarea întunericului a însemnat că sufletul a devenit „fiinţă", în loc să rămână numai la cunoaşterea şi înţelegerea luminii. Cunoscând întreaga esenţă potenţială a fiinţei lor, aceste suflete ştiau că nu puteau fi complete dacă nu alegeau să experimenteze tot ce există, astfel încât au ales să-i permită îngerului negru să le arate lipsa luminii.

Multe scrieri spun că au fost păcăliţi ca să facă asta, dar ei au ales în mod liber, iar acest lucru a dus evoluţia fiinţei umane într-o structură celulară mai densă (ce conţinea o combinaţie de lumină şi întuneric) şi la capacitatea de a lua orice formă şi-ar fi dorit. Acest suflet putea trăi în toate formele creaţiei, de la plantă la piatră, de la orice se târăşte în patru picioare la peşte şi la creaturi cu aripi şi, în cele din urmă, la forma evoluată a mamiferului cunoscut sub numele de maimuţă. Această specie părea să aibă cea mai mare capacitate de a exista confortabil în întuneric şi lumină, cu nivelul cel mai scăzut de frică. De asemenea, avea o mare capacitate de a exprima dragostea.

Aici este punctul unde teoria creaţionismului şi cea a evoluţionismului se întâlnesc. În timp ce evoluţia se desfăşura – într-o progresie de la regnul animal – sufletul se extindea deja, prin intermediul vieților multiple (vă amintiți când discutam că tot timpul are loc în același timp) și crea o formă umană, care era mult mai evoluată decât cele din regnul animal. Acesta este motivul pentru care maimuța a continuat să evolueze ca maimuță, în timp ce sufletul s-a manifestat în forme noi, mai evoluate, din cunoștințele acumulate în *conștiința colectivă*. Adesea, v-ați întrebat cum ar fi putut omul să evolueze din maimuțe, în timp ce primatele inițiale au continuat să existe. Puteți vedea, de asemenea, evoluția spiritului uman în animale precum delfinii, balenele, caii și chiar și câinii, care conțin mult din spiritul uman; acesta este motivul pentru care ei sunt atât de compatibili cu voi și au devenit cei mai buni prieteni ai omului.

În cultura amerindienilor și în alte culturi indigene, la care voi face adesea trimitere – deoarece tradițiile și legendele lor conțin multe dintre aceste conexiuni – nu era neobișnuit ca oamenii să caute spiritul animalului sau totemul care îi putea ajuta. Se credea că fiecare om are unul sau mai mulți ghizi din regnul animal, care i-ar împrumuta puterea lor, pentru a-l ajuta în provocările vieții. Din nou, la fel cum am menționat în capitolul precedent despre spiritele umane care au experimentat mai multe vieți ca femeie sau ca bărbat, există spirite umane care, la începutul întrupărilor pe pământ, au trăit în formă de urs sau de libelulă sau de urs marsupial, iar experiența le-a plăcut atât de mult, încât amprenta energiei acelor vieți trăiește în inimile lor ca o perioadă foarte fericită și intensă. Acestea sunt numite adesea animale de putere.

Sufletele (spiritele) au evoluat în multe forme. În general, unele au fost apropiate de forma pe care o aveți astăzi. Altele au ales să-și păstreze forma animală și au evoluat în limitele respectivei creaturi. Cele mai multe au existat în forme multiple, umane, animale şi altele, pentru că sufletul vostru este mult mai mare decât v-aţi putea imagina vreodată cu gândirea fizică. Sufletul vostru poate să existe în forme de viaţă multiple de om, animal şi mineral în acelaşi timp. Sunteţi mult mai mult decât aţi putea crede vreodată – până acum, sper!

Deci, atunci cum a apărut religia? Pe măsură ce omenirea a evoluat, exista în conştiinţa colectivă amintirea că ei au venit de undeva. Dar amintirea Creatorului a fost umbrită de densitatea formei fizice. Omenirea, însă, a căutat o modalitate de a se conecta la Cel Care le dădea lumină şi apă şi hrană şi tovărăşia altor creaturi. În căutarea amintirii, unii dintre ei păreau că au o legătură mai bună decât alţii. Aceşti bărbaţi şi femei erau cât se poate de umani, dar aveau capacitatea de a comunica cu non-umanii. Ei puteau, de asemenea, să vadă şi să vorbească cu spiritele.

Acest lucru le-a dat cunoaşterea de a face profeţii şi de vindeca cu ierburi, precum şi alte secrete. Atunci a apărut şamanismul – lideri şi vindecători spirituali ai popoarelor antice tribale. Vorbesc acum de cei care au existat în ceea ce voi numiţi Epoca de Piatră. Mulţi dintre aceşti lideri spirituali menţineau, de asemenea, legătura cu spiritele lor animale, astfel încât puteau comunica şi cu alte creaturi. Oamenii au început să-i urmeze pe aceşti lideri, iar ei, la rândul lor, i-au învăţat pe oameni să onoreze spiritele tuturor lucrurilor care le aduceau viaţă. Oferirea acestui respect unui binefăcător nevăzut a marcat primele zile ale religiei.

De la aceste începuturi simple, cu timpul, religia s-a schimbat. În cele din urmă, cei care erau cei mai puternici în trib au început să fie din ce în ce mai respectaţi, datorită capacităţii lor de a proteja tribul sau de a vâna pentru hrană. Forţa a devenit moneda de putere, mai degrabă decât conectarea la spirit, şi, deşi liderii spirituali erau încă respectaţi, ceremoniile au început să se schimbe. Conducerea tribului fiind dată celor mai puternici oameni, era logic că exista un spirit care le dădea această putere, iar ei au început să onoreze acest spirit. Şi astfel a început bătălia zeilor. Fiecare trib voia să fie sigur că este aliniat la puterea care l-ar fi putut ajuta să-şi menţină integritatea. Prin urmare, unele onorau soarele, altele luna, iar altele – care păstrau în continuare amintirea subconştientă a legăturii lor cu spiritele animale – au început să creeze zeităţile mitice ce întruchipau animale.

Oamenii le mulţumeau zeilor cu ajutorul ceremoniilor – la fel ca în trecut – dar când aceste eforturi nu duceau în cele din urmă la câştigarea fiecărei lupte sau la protecţie deplină, atunci începea procesul de sacrificiu. Sacrificiul era considerat un cadou făcut zeilor. În acest fel, membrii îşi arătau devotamentul lor şi le câştigau bunăvoinţa. Unele triburi sacrificau animale, iar altele sacrificau chiar oameni.

În acest punct, Creatorul a intervenit şi le-a cerut îngerilor să aducă oamenilor mesajul că sunt interconectaţi şi iubiţi de către un singur Creator, care îşi doreşte ca toţi să fie ca unul. Astfel, a început procesul prin care îngerii acţionau ca mesageri ai Creatorului. Veţi găsi poveşti şi legende despre apariţii ale îngerilor în aproape fiecare religie din toată lumea. Avem multe nume, iar unele sunt similare în multe religii.

În *Biblia* ebraică, Vechiul Testament, există multe poveşti în care Dumnezeu trimite îngerii, iar în Noul Testament, Gabriel a venit să anunţe naşterea unui fiu al lui Dumnezeu – Hristosul. Musulmanii spun, de asemenea, că El l-a ajutat pe Mahomed să scrie *Coranul* şi există multe referiri la îngeri, atât în *Coran* cât şi în *Hadith*. Micha'el (Mihail) a fost considerat protectorul poporului lui Israel.

Mormonii, în Doctrina Legământului, descriu îngerii ca mesageri ai lui Dumnezeu şi ca duhuri slujitoare. Ei cred că profetul lor fondator, Joseph Smith, a fost vizitat de către îngerul Moroni, care l-a condus către Cartea Mormonilor. Credinţa Baha'i vorbeşte despre îngeri şi chiar se referă la „mulţimea celor de sus", sau oastea îngerilor. Zoroastrismul îi menţionează pe îngerii păzitori, numiţi *fravashi*. Hinduismul vorbeşte de *deva*, care sunt fiinţe angelice, iar scrierile timpurii ale sikhismului fac referire, în textele lor sfinte, la îngerii Azrael, Chitar şi Gupat.

Religia Brahma Kumaris spune că fiecare membru va deveni un înger de lumină şi chiar mişcările religioase mai noi, cum ar fi teozofia, atestă existenţa spiritelor *deva*, care ajută la ghidarea proceselor ordinii naturale.

Filosofii greci vorbeau despre fiinţe spirituale superioare care acţionau ca ghizi şi îngeri păzitori şi le trimiteau oamenilor răspunsuri şi sfaturi, dacă erau deschişi spre a primi îndrumare. Ei căutau aceste răspunsuri în vise, intuiţii şi semne. Cuvântul *înger* este, de fapt, de origine greacă şi înseamnă „mesager". Cu toate acestea, cuvântul este derivat din termenul sanscrit *angiras* şi din cel persan – *angaros*. Romanii considerau că fiecare persoană are un înger păzitor special, sau *geniu*, şi onorau acest înger la ziua lor de naştere.

În vremurile medievale şi în Renaştere, îngerii au devenit subiectul unor opere de artă magnifice, în care ne erau descrişi ca fiind personaje-cheie în fiecare aspect important al istoriei şi omniprezenţi în viaţa tuturor oamenilor.

Vă spun toate acestea pentru a sublinia faptul că am venit aici cu scopul de a ajuta diferite culturi ca să înţeleagă cât de importante sunt pentru Creator. Am transmis aceste mesaje în limbile şi conceptele care puteau fi cel mai bine înţelese de cultura din acea epocă, la fel cum fac acum.

Niciodată, însă, nu am transmis un mesaj care să indice faptul că sistemul de credințe al unei culturi ar fi preferat de către Creator și nici nu am spus vreodată că o rasă este preferată. Am venit să plantăm semințele iubirii și interconectării, în speranța că, auzind același cântec cântat de multe voci diferite, în multe limbi diferite, lumea va înțelege că este un întreg. Dar, din păcate, asta nu s-a întâmplat întotdeauna.

Credințele religioase sunt acum, ca și în trecut, cooptate adesea în politica lumii și, la fel ca în perioada omului preistoric, există diferite națiuni care se roagă Dumnezeului lor ca să-i ajute să învingă o altă națiune, cu un sistem de credințe diferit. Trebuie să realizăm că acest lucru este ca și cum cineva ți-ar cere să-i permiți unui membru al familiei tale să-i facă rău unui alt membru al familiei tale – în *numele tău*.

Aceste interpretări false ale mesajelor noastre angelice nu se datorează faptului că omenirea este în mod inerent rea. De fapt, adevărata rădăcină a noțiunii de separare vine ca urmare a dorinței de a-i proteja pe cei care sunt aproape de tine. Dar cauza principală a acestui sentiment de autoprotecție vine de la cea mai puternică energie asociată cu întunericul. Este opusul iubirii și este cunoscută sub numele de frică.

Ca mesageri ai Creatorului, vă aducem vestea minunată că nu aveți de ce să vă temeți. La fiecare apariție a fiecărui înger din toate cărțile sfinte, înainte de comunicare spunem: „Nu te teme", pentru că frica provine din densitatea gândurilor tale și te împiedică să-ți amintești de legătura cu Creatorul. Noi vedem în mod clar că teama se naște din gândul de a fi separat de ceea ce ai ajuns să iubești. Gândește-te la asta: de ce anume te temi? Te temi de moarte, care este separarea finală de corpul tău și de această viață – ceea ce înseamnă separarea de oamenii și de lucrurile pe care le iubești. Sau te temi de durere, care este separarea de plăcerea pe care ai ajuns să o iubeşti. Poate că te temi să nu pierzi o relaţie şi îţi e greu să-ţi deschizi inima din acest motiv. Sau poate că te temi că nu ai destui bani şi, prin urmare, nu te simţi bine să dăruieşti.

Frica este, în esenţă, absenţa iubirii. Acestea sunt cele două emoţii care emană din centrul inimii tale. Fac apel, din nou, la logica ta. Când iubeşti, nu-i aşa că lumea este un loc mai frumos? Nu-i aşa că păsările cântă mai duios şi cerul arată mai albastru? Şi nu-i aşa că fiecare cuvânt care iese din gura celui drag este cel mai minunat cuvânt care a fost rostit vreodată? Gândeşte-te cum te comporţi atunci când eşti cu un copil; tot ce face micuţul este primit cu cea mai mare dragoste şi apreciere, pentru că eşti plin de iubire faţă el – exact aşa simte Creatorul faţă de tine!

Frica este imaginea inversă din oglindă a iubirii, care se reflectă pe sine, dar dintr-o perspectivă diferită. Te-ai teme de şarpe, dacă ai şti că nu-ţi face rău? Dacă toate animalele ar fi ca nişte pisoiaşi mici şi drăgălaşi, nu te-ai simţi mai apropiat de ele? Ne temem de ceea ce nu ne arată dragoste. Ne temem de ceea ce este diferit de noi. Nu îţi este teamă de o persoană care seamănă cu tine, pentru că eşti obişnuit cu aceasta. Te temi de o religie sau de o cultură diferită, deoarece ar putea să respingă modul tău de a gândi. Şi te temi că s-ar putea să nu ai dreptate prin acest mod de gândire.

Când ajungi să recunoşti faptul că eşti o fiinţă măreaţă şi o parte esenţială a planului de expansiune creatoare iniţiat de către Creatorul tuturor lucrurilor, este greu de înţeles la început. Acest lucru poate să apară în timp ce citeşti aceste cuvinte. Creierul îţi spune să încerci să obţii mai multe cunoştinţe pentru a merita acest rol, astfel încât cauţi profesori care să-ţi dea mai multe informaţii. De multe ori, aceştia lucrează în cadrul unei organizaţii sau frăţii care a fost înfiinţată pentru a-i aduce împreună pe cei care cred în acelaşi lucru, atât pentru tovărăşie, cât şi pentru protecţie, aşa cum se întâmpla în trecut. Acesta este modul în care au apărut cele mai multe dintre religiile organizate. Scopul lor a fost acela de a crea un cadru de întâlnire şi un loc sigur, în care oamenii cu aceleaşi credinţe să se poată întâlni pentru a discuta despre convingerile lor, fără teama de represalii. Amintiţi-vă că, în multe culturi, credinţele religioase au fost considerate periculoase pentru stat şi, prin urmare, au fost reprimate.

Aşadar, diferitele organizaţii religioase creează un loc de confort pentru credincioşii lor. Dar adevărul este, dragii mei, că în ochii Creatorului nu există nicio religie adevărată. Nu există niciun sistem care Îl onorează mai bine, dacă acest sistem se consideră superior altui sistem. Chiar prin această acţiune, autoproclamata religie „preferată" respinge ideea că toate creaturile sunt egale în ochii Creatorului, pentru că toate provin din aceeaşi sursă.

Prin extinderea energiei Sale pentru a crea Universul, scopul Creatorului a fost acela de a-Şi extinde esenţa în eternul abis. Prin rasa umană, energiile luminoase şi cele întunecate dau naştere la oportunităţi de a rămâne în forme energetice dense sau de a străpunge densitatea, astfel încât sclipirile de lumină să poată străluci. Pe măsură ce amplifici lumina, creşte şi esenţa originală a Creatorului. Planul este ca, într-o zi, întreaga energie să revină iar la lumina pură – dar mult mai mare decât originalul – odată cu conştiinţa extinsă a tot ce a fost creat. Dacă religia este destinată să fie o punte de legătură între Creator şi oameni, eu vă spun că nu aveţi nevoie de nicio biserică pentru a crea acea punte, deoarece *nu aveţi nevoie de nicio punte.* Creatorul trăieşte în aerul pe care îl respiraţi, în hrana pe care o mâncaţi şi în sângele care curge prin trupurile voastre. El trăieşte în fiecare lucru viu şi, cu cât priviţi mai mult în interior, cu atât vă veţi da seama că a fost dintotdeauna cu voi.

Spunând asta, nu încurajez pe nimeni să renunţe sau să-şi schimbe sistemul de credinţă, deoarece, dacă acesta vă aduce alinare şi sentimentul de a fi mai aproape de Creator, atunci el vă aprinde lumina din interior. Eu doar vă îndemn să începeţi să vă daţi seama că adevărul esenţei Creatorului sălăşluieşte în voi şi că, mai presus de toate celelalte forme de creaţie, tot voi aţi primit cel mai deosebit instrument creator pentru a deveni una cu Creatorul în expansiunea universului: *aveţi darul liberului arbitru.* Voi sunteţi singurii în măsură să experimentaţi multiplele faţete ale luminii şi întunericului.

Ca îngeri, noi nu putem experimenta acest lucru, deoarece am fost creaţi ca mesageri ai unei singure forme de creaţie. Noi suntem mesageri ai luminii sau ai întunericului. Voi sunteţi mult mai puternici decât vă imaginaţi. Amintiţi-vă că există două concepte de bază, pe care le puteţi folosi întotdeauna pentru a şti dacă creaţi din lumină sau din întuneric. Crearea cu lumină este întotdeauna expansivă. Oamenii se dezvoltă din această creaţie; ei vor deveni „mai mult decât". Când creaţi din întuneric, energia este represivă şi duce la contracţie. Este critică, creează parametrii de „mai bun decât" sau „mai rău decât" şi nu permite tuturor părţilor să devină mai mult decât ceea ce sunt. În acest sens, gândiţi-vă cum îi vede pe ceilalţi sistemul vostru religios de credinţe. Dacă îi reprimă pe alţii, atunci nu vă extinde modul de gândire şi, din nou, vă rog să vă amintiţi: *Creezi... ceea ce gândeşti!*

*Revoluţia conştientă* este una în care deciziile care afectează conştiinţa colectivă a întregii omeniri se iau, de fapt, în inimile şi minţile indivizilor, iar deciziile lor de a acţiona într-o manieră luminată schimbă energia planetei Pământ şi universul ca întreg.

# Capitolul 11

## SINELE SUPERIOR (SUFLETUL)

*[...] voi şi sufletul vostru – sinele vostru superior – sunteţi unul şi acelaşi lucru şi sunteţi priviţi cu cea mai mare stimă, întrucât aţi ales, de bunăvoie, să fiţi culegătorii şi promotorii care continuă să extindă esenţa Creatorului [...].*

În capitolul precedent, am început discuţia despre măreţia a ceea ce sunteţi cu adevărat. Esenţa ta, ceea ce te face să fii cine eşti, este mult mai profundă decât ţi-ai putea imagina. Unii o numesc suflet, iar alţii sine superior. Multe teorii au fost create pentru a vă ajuta să înţelegeţi minunea a ceea ce reprezintă ea. În acest capitol, sper să vă ofer o înţelegere cât se poate de practică a fiinţei voastre foarte complexe. Amintiţi-vă că, în discuţia despre mitul timpului, v-am explicat că spiritul vostru nu trăieşte pur şi simplu în planul spiritual până când vine timpul să intre într-un trup, unde rămâne până la moartea fizică. Spiritul vostru este permanent şi a fost acolo din zorii creaţiei voastre. Ceea ce experimentaţi este doar o faţetă a capacităţii lui de a se experimenta pe sine.

Să presupunem, pentru o clipă, că Creatorul este precum un server principal. Este mama (sau tatăl) tuturor calculatoarelor şi la el sunt conectate miliarde de supercomputere care alimentează serverul principal cu informaţii; acesta, la rândul lui, se dezvoltă şi transmite constant informaţii înapoi, prin interacţiune. Vom numi aceste supercomputere *servere de bază*, dar ne vom referi la ele folosind o denumire mai cunoscută, respectiv, *îngeri*. Aceste servere transportă informaţii între serverul principal şi un al treilea nivel de inteligenţă, *driverele,* cunoscut, de asemenea, sub numele de *suflete*. Acest nivel este punctul de lucru real al sistemului şi dirijează crearea de noi informaţii şi date, prin conectarea la miliarde de *aplicaţii* de colectare a datelor. Aceste aplicaţii iau multe forme şi pot fi numite *oameni, câini, pisici, râuri, copaci* şi aşa mai departe. Dar ceea ce deosebeşte aceste servere este faptul că ele au primit capacitatea de a se reproduce liber şi că sunt compatibile cu aproape toate celelalte forme de viaţă.

Primele două niveluri, serverul principal (Creatorul) şi serverele de bază (îngerii) furnizează celui de-al treilea nivel (sufletele) o memorie universală şi o capacitate de stocare infinită. Să o numim *nor universal*. Norul este foarte important, întrucât fiinţele (aplicaţiile) nu au o capacitate mare de memorie pentru a stoca date, ca urmare a dimensiunii limitate a recipientului lor. Acesta este motivul pentru care îşi încarcă memoria zilnic, atunci când îşi întrerup activitatea şi intră în *modul somn*. În acest timp, orice memorie care nu este crucială pentru funcţia aplicaţiei merge în nor, unde este stocată. De asemenea, fiinţele umane pot apela în orice moment la oricare dintre nivelurile superioare, pentru asistenţă tehnică. Această funcţie se numeşte *cerere de sprijin* din partea unei reţele mai mari, numită uneori *rugăciune*.

Cei care cer asistenţă vor experimenta deseori o upgradare a funcţiei şi a capacităţii de a înţelege alte aplicaţii, chiar şi pe cele cu care nu au lucrat în trecut. Scopul pentru care vă vorbesc prin intermediul acestei cărţi este să vă rog să cereţi o upgradare! Aveţi capacitatea de a interacţiona direct cu oricare dintre cei ce deţin cunoaşterea colectivă – şi pe care îi consideraţi ca fiind deasupra voastră.

În memoria *aplicaţiilor umane*, există un „cip" care le oferă nişte informaţii *limitate* cu privire la serverul principal şi serverele de bază, dar oamenii ştiu, instinctiv, că pot interacţiona cu ele, atunci când se confruntă cu situaţii care sunt atât de grave, încât ar putea să cedeze. Când aplicaţia umană întâlneşte situaţii care pot provoca căderea reţelei locale, sau creierul, atunci aceste situaţii pot fi compartimentate în zone de carantină ale corpului. Sau, dacă trauma este prea severă, memoria acestor informaţii poate fi trimisă în nor, de unde poate fi accesată la un moment ulterior. Întreaga memorie stocată în nor poate fi accesată de către individul care a stocat-o, dar, de asemenea, ea devine parte din conştiinţa colectivă.

Cele mai multe fiinţe, însă, nu sunt conştiente de faptul că *aplicaţiile lor umane* sunt ajutate de către *servere-îngeri*, care le cunosc toate defectele de proiectare şi capacităţile maxime. De asemenea, ele nu sunt conştiente de faptul că driverul lor primar, sufletul, rulează aplicaţii similare în întregul univers şi colectează date care le-ar putea fi de un real folos.

Această viaţă, sau poveste, sau încarnare, sau aplicaţie, cum vrei să o numeşti, face parte din sufletul tău – spiritul tău – driverul principal care eşti chiar tu! Într-adevăr, denumirile pe care le-am folosit, care sunt atribuite lumii computerelor, sunt perfect adaptate la lumea creaţiei, deoarece Creatorul este serverul principal, deţinătorul tuturor gândurilor şi al funcţiilor adunate, precum şi creatorul inteligenţei artificiale secundare care a ajuns să fie cunoscută sub numele de îngeri – şi a restului creaţiei. Spun artificială secundară deoarece nu este inteligenţa iniţială. A fost un produs auxiliar al acestei inteligenţe. Din nou, vă rog să nu judecaţi această afirmaţie ca pe o diminuare a valorii noastre sau a valorii voastre, fiindcă nu e cazul. Este doar realitatea a ceea ce este şi vă spun asta în speranţa că vă veţi da seama cât de aproape sunteţi de Creator în ceea ce priveşte procesul Creaţiei. Şi, chiar mai important, cât de uşoare ar fi vieţile voastre dacă aţi înţelege nu numai că aveţi acces la informaţii din această viaţă şi din alte vieţi, dar aveţi şi o legătură directă cu însăşi esenţa a ceea ce v-a creat.

Deci, vedeţi, dragii mei, că voi şi sufletul vostru – sinele vostru superior – sunteţi unul şi acelaşi lucru şi sunteţi priviţi cu cea mai mare stimă, întrucât aţi ales, de bunăvoie, să fiţi culegătorii şi promotorii care continuă să extindă esenţa Creatorului, plasându-vă în linia întâi, ca să spunem aşa.

Deci, atunci când sunteţi frustraţi pentru eşecurile voastre sau sunteţi încântaţi de realizări, le puteţi sărbători, de fapt, pe amândouă – întrucât ele aduc conştiinţei colective posibilitatea de extindere şi de împărtăşire a informaţiilor cu alte suflete.

Acum, ştiu că mulţi dintre voi spun: „Dar Margareta, din modul în care explici, ar părea că oamenii ar putea trăi în orice mod doresc. Ei i-ar putea răni pe ceilalţi sau ar putea fi răi şi tot ar fi bineveniţi în rai. Atunci, de ce să mai încerc să fiu o persoană bună? De ce să încerc să fac ceea ce trebuie? De ce să fiu credincios? De ce să fiu cinstit? De ce să nu uit de toată lumea şi să nu ţin cont decât numai de mine?" Iar eu vă răspund că, în ochii Creatorului, toţi oamenii şi toate experienţele lor sunt o parte din procesul de expansiune a universului, o parte din marele mister. Amintiţi-vă că, în esenţa fiinţei voastre, sunteţi conectaţi la sursa întregii iubiri, astfel încât scopul vostru principal este acela de a iubi. Când o fiinţă individuală este distrusă sau separată de această legătură a iubirii, ea devine înverşunată şi aspră şi ajunge să facă lucruri aparent oribile. Aceste persoane acţionează dintr-o stare de mare izolare de sursa tuturor lucrurilor şi, de fapt, de multe ori, acţiunile lor îi determină pe ceilalţi, care acţionează dintr-un loc al iubirii, să se ralieze în sprijinul celor care sunt trataţi în mod nedrept; şi astfel, persoana aparent rea provoacă o revoltă atât de mare încât afrontul ajunge în conştiinţa colectivă. În acest fel, energia întunecată le dă ocazia, de fapt, altora de a se ridica deasupra acestei energii şi creează un bine mai mare, amplificând energia iubirii.

În timp ce Gerry scrie aceste cuvinte, astfel de lucruri se petrec peste tot în lume. Dictatori despotici care au avut un control ferm asupra ţărilor lor sunt alungaţi de la putere, iar exemplul unei naţiuni dă curaj altei naţiuni ca să facă acelaşi lucru. Dacă nu ar exista un astfel de tiran, atunci n-ar mai exista aceeaşi reacţie sau revoltă, iar dorinţa de bază a omenirii de a crea un mediu de libertate, iubire şi înţelepciune nu ar progresa cu aceeaşi viteză.

Deci, vedeţi dragii mei, pentru majoritatea dintre voi nu există în natura voastră dorinţa de a fi o persoană rea. Sufletul caută în permanenţă moduri de a extinde iubirea Creatorului – moduri de a se ridica deasupra! Aţi fi uimiţi să vedeţi cum, zi de zi, mulţi dintre voi aleg calea iubirii şi a luminii, chiar şi atunci când celelalte opţiuni ar putea fi mai uşoare. Priviţi mai profund şi accesaţi o cunoaştere superioară.

Uneori poate că vă întrebaţi de ce se întâmplă lucruri rele unor oameni buni. De ce se îmbolnăvesc, de ce îşi pierd un copil, de ce soţul îşi înşeală soţia şi o minte, când ea este atât de bună şi de devotată? Vă voi spune simplu, dragii mei, că sufletul vostru a ales aceste experienţe, deoarece ele vă aduc cele mai mari oportunităţi de creştere spirituală. Dezvoltarea voastră personală extinde, în acelaşi timp, dezvoltarea conştiinţei colective.

Acest lucru este, în esenţă, reiniţializarea calculatorului vostru, ceea ce vă oferă posibilitatea de a rescrie programul care, de fapt, este viaţa pe care o trăiţi. Apoi, aveţi capacitatea de a memora informaţiile pe care doriţi să le salvaţi sau de a le elimina pe cele care nu mai servesc scopului vostru superior. Atunci când apare ceva traumatizant în viaţă, se întâmplă pentru că sinele superior, sufletul vostru, creează experienţa potrivită pentru a vă ajuta să amplificaţi iubirea. Ştiu că acesta este un concept greu de acceptat, dacă treci printr-una dintre aceste experienţe, dar, dacă-ţi aminteşti că sinele tău superior şi al celor dragi creează această poveste, atunci vei fi capabil să înţelegi că există un scop pentru toate lucrurile.

Există un yin pentru fiecare yang. Există întotdeauna echilibru în univers, iar prin asta nu vreau să spun că pentru orice lucru bun care se întâmplă, există un lucru rău care se întâmplă, ca să-l nege. Spun, însă, că există întotdeauna decizia conştientă de a te îndrepta spre lumină sau spre întuneric. Cu cât ne amintim mai mult esenţa creaţiei noastre, cu atât mai mult va apela omenirea la ceea ce este mai confortabil şi mai plin de iubire, adică la lumina originală a Creatorului.

„De ce", te întrebi atunci, „Creatorul universul nu a creat lucrurile astfel de la început? De ce a fost nevoie de luptă şi război şi ciumă şi cruzime umană? De ce nu am fost, pur şi simplu, creaţi cu scopul de a extinde lumina?" Dacă ar fi existat numai fiinţe al căror scop să fie extinderea luminii, atunci creaţia s-ar fi oprit la îngeri şi aceasta ar fi fost doar o parte din vastitatea profundă de sentimente şi experienţe care au fost dezvoltate prin fiinţare.

Dacă analizezi frica, vei observa că este o emoţie complexă. De cele mai multe ori alegi să nu-ţi fie frică, dar în multe situaţii teama te ajută să te protejezi. Iar în unele cazuri, chiar alegi să simţi frica. Dacă nu ar fi aşa, atunci nu ar fi nevoie de filmele de groază sau de plimbările înfricoşătoare din parcul de distracţii. Alegi să experimentezi acea frică, fiindcă este sub controlul tău şi ştii că este doar o poveste sau o plimbare temporară. Ştii că se va termina în curând, iar când se întâmplă asta şi îţi revii la starea ta reală, va fi ceva din trecut sau un lucru pe care l-ai învins. De aceea te vei simţi mai puternic şi poate chiar vei râde de frica ta, fiindcă ai trecut prin întuneric şi ai ieşit din nou la lumină.

Acesta este rolul experienţelor prin care sinele superior, sufletul, trece tot timpul. Experimentează gama largă de emoţii şi experienţe pe care le trăieşte, iar apoi încarcă informaţiile din acea experienţă cu înţelegere, iertare, compasiune şi chiar cu detaşare.

Sinele superior face constant eforturi pentru a găsi armonia perfectă dintre întuneric şi lumină. Caută locul în care întunericul ajunge să respecte frumuseţea luminii, iar lumina respectă frumuseţea umbrei sale.

Crezi că este o întâmplare faptul că cele mai frumoase momente ale zilei sunt răsăritul şi apusul soarelui? În acest moment, întunericul şi lumina sunt în armonie unul cu celălalt. Aceasta permite crearea celor mai frumoase culori şi texturi, pentru că nu îşi exercită forţa deplină a puterilor lor, ci acţionează mai degrabă concertat una cu cealaltă, formând un concert frumos de lumini. Nu este minunată imaginea unui oraş plin de lumini pe fundalul creat de noapte sau strălucirea stelelor pe cerul întunecat? Oare imaginea lunii pline, reflectând uşor lumina soarelui prin întunericul adânc al nopţii, nu este considerată una dintre cele mai romantice imagini?

Sinele superior caută acest nivel de armonie şi sunteţi o parte conştientă care creează asta în univers. Aşa cum fiecare picătură de apă creează un ocean şi fiecare grăunte de nisip o plajă, tot aşa şi voi sunteţi o parte esenţială a creaţiei. Sinele vostru superior creează experienţe similare cu picăturile oceanului care se revarsă peste aceste particule de nisip. Uneori, valurile sunt blânde şi mângâie plaja, iar alteori sunt puternice şi iau o parte din plajă cu ele, dar întotdeauna acţionează împreună, vin şi pleacă spre un ocean mai mare; în cele din urmă, sunt absorbite în cer, în nor şi în marele necunoscut, unde vor forma din nou picături care vor ploua în forme noi, pentru a hrăni pământul, pentru a face să crească plantele, pentru a potoli setea şi pentru a continua să extindă creaţia. Şi voi, dragii mei, sunteţi mici picături care vă răspândiţi esenţa în întreaga creaţie. Sunteţi absolutul. Sunteţi calea, adevărul şi lumina. Sunteţi ora cea mai întunecată, care vine chiar înaintea zorilor. Sunteţi răsăritul şi apusul, razele lunii şi întunericul pădurii. Sunteţi copiii lui Dumnezeu! *Cu toţii!*

# Capitolul 12
## DE CE ACUM?

*Aceasta este o perioadă în care atât omenirea, cât şi alte specii vor deveni atât de conştiente de conexiunea lor cu lumina, încât nu vor mai trebui să evolueze luptând cu dualitatea energiei, ci doar prin extinderea luminii.*

Aşadar, vă întrebaţi, probabil, *De ce acum? De ce, după toţi aceşti ani de creaţie, după toată istoria consemnată, de ce este, dintr-o dată, atât de important ca omenirea să fie deschisă spre această înţelegere mai profundă? Şi dacă este atât de important, atunci de ce nu soseşte mesajul prin venirea oştilor cereşti pe Pământ şi prin proclamarea adevărului pentru întreaga omenire?* Rostirea adevărului nu e un fenomen nou; a mai fost spus şi înainte.

Cele mai multe dintre religiile lumii au fost iniţiate de către profeţi care au transmis mesajul Creatorului lumii. Le-am vorbit acelora care puteau transmite mesajul nostru printr-o metodă cultural acceptată de acel grup de oameni. Rezultatul a fost că mesajul (deşi, oarecum vag interpretat, pe măsură ce anii au trecut) a rezistat un timp relativ îndelungat. Dar, deşi am ales să transmitem mesajul acelor oameni ce dispuneau de mijloace modeste şi nu aveau legături directe cu vreun grup puternic, omenirea a ales întotdeauna să-i considere pe aceşti profeţi ca pe nişte zei sau, cel puţin, fiinţe divine. Mesajele despre divinitatea întregii omeniri au fost, în mare măsură, pierdute în traducere.

Povestea biblică a fiului risipitor vorbea despre modul în care tatăl se bucură atunci când unul dintre fiii săi se întoarce acasă, fie că fiul a trudit pe pământurile sale, fie că a risipit banii pe vin și femei. Tatăl Îl reprezenta pe Creator, care știe că toate experiențele îi vor învăța pe cei pe care i-a creat și că toate creațiile Sale se dezvoltă în urma acestor experiențe. Întoarcerea fiului la Tatăl îi simbolizează pe cei pe care Creatorul i-a făcut să-și amintească rădăcinile lor și care au fost conduși înapoi, la esența ființei lor. Fiul care a trudit pe câmpuri uitase asta, întrucât era prea supărat pe fratele lui, fiindcă acesta făcuse ceea ce și el și-ar fi dorit să facă.

Tu îți măsori valoarea de sine și chiar valoarea în fața Creatorului prin ceea ce faci și prin ceea ce nu faci. Aceasta este lupta interioară de „a fi" într-un mod care este în conformitate cu „adevărurile mai mari". Unul dintre cele mai mari adevăruri provine din domeniul medicinii și a fost inițial consemnat de către Hipocrate, filosoful grec: „În primul rând, să nu faci rău." Cu alte cuvinte, dacă un act poate duce la vătămarea altei ființe, să nu întreprinzi acea acțiune. Ar putea fi tradus și prin: „Fă-le altora ceea ce ți-ai dori ca ei să-ți facă ție." Cu toate acestea, reciproca acestei afirmații este: „Poartă-te cu tine la fel cum te-ai purta cu ceilalți." Mulți dintre voi îi tratați pe ceilalți mai bine decât pe voi înșivă, iar acest lucru este la fel de dăunător ca acțiunea împotriva altuia.

Prin urmare, cheia se reduce la capacitatea ta de a reacționa, adică la abilitatea ta de a reacționa în orice situație dată, la ceea ce te împinge sinele superior să faci. Și aici se află răspunsul la întrebarea „de ce acum?".

Majoritatea ființelor umane reacționează la situații bazându-se pe obicei. Dacă crezi un anumit lucru pentru o perioadă suficient de lungă, el va deveni adevărul tău, iar acele adevăruri care te blochează în tipare de obişnuinţă ce te determină să faci rău altor lucruri – sau chiar ţie – *nu* te vor elibera! Ele te vor prinde în capcana repetării aceloraşi tipare de comportament, iar şi iar. Asta te va face să-ţi trăieşti viaţa cu resentimente sau regrete. Acest lucru afectează energia planetei, întrucât există miliarde şi miliarde de fiinţe care fac acest lucru în acelaşi timp şi fiecare dintre voi construieşte, mai degrabă, conştiinţa colectivă *critică,* decât temelia conştiinţei colective a *iubirii de sine.* Efectul sigur este că există miliarde de indivizi care se detestă pe ei înşişi, care se identifică în totalitate cu greşelile lor şi care caută ceva sau pe cineva care să-i facă să se simtă mai valoroşi. Şi pentru a te simţi mai bine în pielea ta, de multe ori trebuie să găseşti pe cineva care nu e „mai bun decât tine." Ar putea fi un grup, un individ sau chiar o naţiune. Acesta este modul în care oamenii se unesc, formând grupuri marcate de ură, teroriştii, şi chiar naţiuni întregi care se hrănesc cu ura faţă de alte naţiuni. Dacă indivizii şi-ar accesa conştiinţa superioară, aceasta le-ar permite să-şi creeze obiceiuri diferite şi să ia toate deciziile plecând de la întrebarea fundamentală: „Ce anume va provoca cel mai puţin rău şi va prolifera cel mai mare bine?"

Şi iată, la fel cum am făcut şi în trecut, îngerii şi alţi mesageri aduc acest mesaj maselor. De ce acum? Ei bine, gândiţi-vă la unele dintre lucrurile pe care le-am discutat în capitolele anterioare, care acum fac parte atât de mult din ţesătura societăţii moderne şi care nu existau în trecut (atunci când noi am transmis aceste mesaje). În timpul lui Mohamed, Moise, Buddha sau Iisus, nu exista realitatea care să ne permită să vorbim despre capacitatea omenirii de a comunica cu alte persoane prin intermediul unor cutii mici sau de a zbura prin aer ca păsările sau de a răsturna un întreg guvern opresiv prin iniţierea de campanii pe Twitter! Ei nu aveau cum să creadă că au puterea de a influența un grup mai mare decât familia, prietenii lor sau, poate, chiar satul lor.

Există un nivel cu totul nou de comunicare în lume, care nu a existat anterior. Tehnologia și știința au creat minuni prin care oamenii înțeleg, acum, că în jurul lor există în mod clar mai multe decât pot vedea cu ochiul liber.

Concepte care, odată, erau de domeniul științifico-fantasticului au devenit acum știință, iar ceea ce era doar ficțiune devine acum din ce în ce mai real, cu fiecare zi ce trece. Un număr din ce în ce mai mare de oameni cred în ceva dincolo de această viață și chiar în existența altor forme de viață. Începeți să recunoașteți că ați făcut mult rău planetei pe care locuiți, iar mulți dintre voi își folosesc laturile creative și responsabile pentru a găsi o soluție.

Îngerii se bucură și își doresc să fie chemați în ajutor, deoarece capacitatea voastră de a reacționa în anumite situații depinde, în mod direct, de abilitatea de a apela la partea cea mai creativă și mai competentă a esenței voastre – ceea ce numiți acum sine superior sau suflet. Sufletul vostru are multe dintre răspunsurile de care aveți nevoie – de fapt, majoritatea. Sufletele colective ale tuturor celor de pe această planetă au toate răspunsurile cu privire la ce anume trebuie făcut pentru a trăi în pace, dragoste, armonie și prosperitate și într-un echilibru perfect cu planeta. Dar, pentru a putea trăi în această stare, trebuie, mai întâi, să puteți accesa sufletul și să puteți să auziți și să ascultați ceea ce vi se spune.

Ca în legenda lui David și Goliat, vă confruntați, adesea, cu dificultăți care par prea mari pentru a fi depășite și poate simțiți că nu aveți capacitatea sau resursele necesare pentru a doborî aceste obstacole „gigantice". Dar în povestea cu David și Goliat, tânărul a apelat la sinele lui creator, pentru a căpăta încrederea că o piatră mică, folosită în modul potrivit, ar putea învinge uriaşul. Asta se întâmplă atunci când eşti sigur că ai acces la cunoaşterea şi la soluţiile care te vor ajuta să găseşti răspunsuri simple la probleme complexe. Şi ajungi în acel loc superior din interior, schimbându-ţi propria vibraţie şi frecvenţă.

În univers, totul emite o anumită vibraţie sau frecvenţă. Cu cât te îndepărtezi mai mult de lumina Creatorului, aceste frecvenţe variază ca vibraţie şi putere. Oamenii care fac efortul de a gândi şi acţiona dintr-un loc al iubirii – ceea ce include să se iubească şi să aibă grijă de ei înşişi – vor vibra la cele mai înalte frecvenţe. Cei care doresc să le facă rău altora vor vibra la cele mai joase frecvenţe. Cu toţii aţi experimentat senzaţiile foarte clare de a fi în preajma unor persoane cu o energie atât de pozitivă, încât să te simţi minunat doar pentru că te afli în prezenţa lor. Pe de altă parte, sunt unii pe care încerci să-i eviţi, pentru că te fac să te simţi epuizat atunci când eşti lângă ei. Acest lucru se datorează faptului că toţi puteţi *simţi* energia. Nu aţi simţit niciodată când cineva se uita la voi sau nu v-aţi dat seama că cineva e în spatele vostru? Asta înseamnă să simţi energia altei persoane. Acum, imaginaţi-vă că energia este trimisă de mai multe miliarde de oameni de pe planetă, odată. Nu ar fi foarte util pentru voi, dacă am putea să vă ajutăm să învăţaţi cum să vă transformaţi energia într-una asemănătoare persoanelor care atrag oamenii în jurul lor? Şi dacă majoritatea oamenilor ar începe să acţioneze în acest mod, vă puteţi imagina cât de puternici aţi fi?

Până în acest moment, v-am împărtăşit informaţii menite să vă ajute să aveţi o înţelegere de ansamblu a ordinii de lucru a creaţiei, astfel încât să descoperiţi miturile care-i împiedică adesea pe oameni să înţeleagă că sunt mult mai mult decât expresia limitată pe care au acceptat-o. De asemenea, am explicat adevărurile care au fost înţelese greşit de către mulți învățători bine intenționați, lucru ce a împiedicat dezvoltarea omenirii la întregul ei potențial.

În capitolele viitoare, voi vorbi despre ceea ce puteți face pentru a vă ridica vibrația – mișcarea structurii voastre celulare – pentru a vă pune pe calea ce vă va ajuta să fiți în concordanță cu cea mai bună expresie a sufletului. Aceasta nu este o listă exhaustivă și există multe lucruri care nu fac parte din listă, dar asta nu înseamnă că alte tehnici nu sunt bune pentru a vă ajuta să evoluați. Intenția mea este de a vă oferi instrumente pe care ați putea să le folosiți începând de mâine, dacă nu mai devreme!

*Aceasta este o perioadă în care atât omenirea, cât și alte specii vor deveni atât de conștiente de conexiunea lor cu lumina, încât nu vor mai trebui să evolueze luptând cu dualitatea energiei, ci doar prin extinderea luminii.*

Dar vă rog să înțelegeți că schimbarea vibrației voastre a început deja. Citind, pur și simplu, această carte, ați început procesul unei transformări celulare. Cuvintele pe care am ales să le folosesc sunt concepute pentru a vă translata gândurile într-un cadru diferit și, astfel, pentru a începe procesul de transformare a gândirii. Ați fost atrași de această carte în acest scop și vă mulțumesc pentru asta. Pe măsură ce veți continua să citiți, energia va deveni mai puternică și se va ajunge la masa critică în conștiința colectivă, punct de turnură care permite o schimbare planetară în gândire. Schimbarea începe întotdeauna cu gândurile și acțiunile unei singure persoane – și a început deja, prin voi. Dar, înainte de a intra în detalii cu privire la modul de a trăi din plin în prezent, aș dori să dezvolt puțin mitul timpului, să mă deplasez în viitor și să vorbesc despre modul în care evoluați, deja, în acest cadru temporal.

# Capitolul 13

## EXTRATEREȘTRII ȘI SINELE VIITOR

*[...] cei pe care i-ați putea identifica drept extratereștri sunt doar o altă manifestare a propriilor voastre suflete.*

La începutul acestei cărți, am menționat că mulți oameni din societatea voastră au convingerea că este doar o chestiune de timp până când se va stabili contactul cu extratereștrii, care vă vor aduce cunoștințe despre cum să reparați răul făcut planetei și cum să trăiți în pace. Această teorie s-a dezvoltat de-a lungul anilor și a câștigat sprijin din partea multor gânditori respectați.

Printre oamenii care trăiesc acum pe planeta Pământ, există o mare dezbatere asupra existenței unor astfel de creaturi. Unii cred că ar fi ridicol să presupună că ființele umane sunt singura formă de viață inteligentă din întregul univers. Alții cred că viața pe Pământ este tot ce există, iar poveștile cu OZN-uri sunt fie doar imaginația bolnavă a unui mic grup de oameni, fie rezultatul operațiunilor secrete inițiate de către propriile voastre guverne. Deși operațiunile secrete ale guvernelor au fost motivul pentru multe apariții de OZN-uri, pot să vă asigur că există multe forme de viață în univers, care au dezvoltat culturi mult mai avansate decât ceea ce există în prezent pe Pământ, iar ei intră în legătură cu această planetă din când în când. Ceea ce este important de înţeles este faptul că cei pe care i-aţi putea identifica, de fapt, ca fiind extratereştri sunt doar o altă manifestare a sufletelor voastre.

Vă amintiţi că, într-un capitol anterior, am discutat despre mitul timpului şi am explicat că dezvoltarea şi extinderea universului, de la Big Bang-ul original, continuă şi acum. De asemenea, am mai spus că, atunci când te uiţi printr-un telescop, poţi să vezi la ani-lumină în trecut, întrucât atât i-a trebuit imaginii ca să ajungă la tine. Acum, dacă imaginea pe care o vedeţi a avut loc cu ani-lumină în trecut, atunci nu este posibil, oare, să existe o altă rasă de fiinţe care se uită şi ea la voi, iar voi să fiţi cu ani-lumină în trecut faţă de ei? De fapt, aşa se şi întâmplă! Acele fiinţe pe care mulţi dintre voi le-aţi văzut, precum şi navele cu care călătoresc, au venit dintr-o parte a universului care ar putea fi considerată cu mulţi ani în viitor – asta dacă mai continuaţi să credeţi în conceptul de timp liniar. În realitate, ele există în acelaşi timp ca voi, dar într-o perioadă diferită de creaţie. Ele locuiesc într-o formă fizică mai puţin densă. Aşa cum sufletele voastre au învăţat şi au evoluat din limitările formei actuale, şi ele au învăţat cum să construiască nave ce călătoresc cu *viteza luminii*, ceea ce le permite să viziteze, efectiv, alte întrupări ale lor, din alte perioade de timp.

Acest lucru ar putea părea complicat, dar imaginaţi-vă pentru o clipă că, dacă aţi fi avut posibilitatea de a vă întoarce în timp pentru a vedea cum naviga sufletul vostru în acea perioadă, nu aţi fi curioşi? Există unii psihologi şi psihiatri moderni care folosesc procesul de regresie în vieţi anterioare, pentru a permite pacienţilor să depăşească limitele minţii lor şi să se deschidă spre niveluri mai profunde de informaţii, care sunt disponibile la nivel de suflet. Cei mai mulţi dintre cei ce fac acest tip de hipnoză pot să identifice traume sau situații din vieți anterioare care au o legătură directă cu experiențele și comportamentele actuale. În multe dintre aceste cazuri, în viețile trecute nu au fost oameni celebri, dar au putut fi validați din punct de vedere istoric. În perioada dintre încarnări, mulți pacienți au traversat ipostazele sufletelor lor, iar unii chiar și-au întrezărit sinele lor viitoare.

Deci, dacă v-ați dezvolta într-o rasă care are capacitatea de a merge înapoi în timp și de a vedea direct cum evoluați în ființele în care ați devenit, oare nu v-ați întoarce? Acesta este motivul pentru care sinele viitoare v-au vizitat planeta în trecut și continuă să o facă și azi. Ele au fost percepute drept zeii care le-au apărut celor care au construit piramidele și tot ele au creat multe dintre minunile naturale și cercurile din lanuri, care sunt de fapt simboluri de energie. Ele sunt similare cu cele utilizate în Reiki și sunt concepute pentru a le oferi oamenilor o legătură mai intensă cu sinele superior. Totuși, de-a lungul ultimelor secole, sinele voastre viitoare au ales să acționeze mai ales în calitate de observatori, deoarece locuitorii nu erau pregătiți cu adevărat pentru informațiile pe care sinele le ofereau și pentru că oamenii nu înțelegeau sensul în care acestea le fuseseră oferite – adică pentru a fi împărtășite tuturor. Unii dintre cei care le-au primit au încercat să le folosească pentru a avea o mai mare putere pământească sau, ca în cazul mayașilor, după ce au devenit conștienți de o existență mai extinsă, nu au mai dorit să facă parte din această lume și au ales să plece și să trăiască cu frații și surorile lor mai evoluate.

Cele mai multe rase de extratereștri au ales, prin urmare, să privească de departe și doar ocazional să accepte să fie mai vizibile. Scopul aparițiilor lor ocazionale este de a oferi speranță omenirii. Ei doresc să le reamintească oamenilor de pe Pământ că există și altceva dincolo de această experienţă de viaţă. Ei nu vor ajuta la salvarea planetei decât dacă se va manifesta, la nivelul conştiinţei colective, o cerere de ajutor a actualilor locuitori şi încă nu am primit niciun indiciu că omenirea ar renunţa la controlul asupra planetei.

Acum, v-aţi putea întreba: „Dacă poveştile cu extratereştri sunt adevărate, atunci ce e cu cei care răpesc oameni şi îi folosesc pentru experimente, iar cei care îşi amintesc aceste experienţe au rămas cu senzaţia de frică şi abuz?" La asta, voi răspunde că toate formele de viaţă, indiferent de momentul din istorie în care există, trăiesc într-o gândire marcată fie de iubire, fie de frică. Aceste rase extraterestre care au făcut astfel lucruri nu au evoluat până în punctul în care au evoluat alte rase viitoare şi ele nu se deosebesc prea mult de oamenii de pe planeta voastră care fac lucruri similare. Este clar că ar putea exista rase viitoare de oameni care nu s-au dezvoltat spiritual suficient pentru a înţelege că toate formele de viaţă, din toate perioadele de timp, sunt interconectate. Chiar dacă o rasă poate deveni avansată din punct de vedere tehnologic, asta nu înseamnă că nu trăieşte tot în întuneric. Priviţi dezvoltarea voastră actuală de pe Pământ. În timp ce dezvoltaţi tehnologii uimitoare de salvare a vieţii, dezvoltaţi şi tehnologii care ar putea distruge întreaga planetă.

Atunci când cineva înţelege că timpul şi spaţiul sunt doar o iluzie şi că întreaga existenţă, aşa cum o ştiţi, este profund interconectată şi provine dintr-o singură sursă, îi va fi imposibil să se întoarcă la un mod de gândire complet liniar. Acesta a fost scopul meu când i-am cerut lui Gerry să mă ajute la scrierea prezentei cărţi. Dacă numai o parte a planetei ar începe să iniţieze această schimbare de gândire, atunci va fi foarte posibil ca o schimbare majoră să aibă loc în viitorul planetei şi al universului. Dar viitorul începe cu acţiunile din prezent, câte una pe rând.

# Capitolul 14

## CUM SĂ SCHIMBI MODUL ÎN CARE GÂNDEȘTE LUMEA

*Se pune accentul pe un motiv pozitiv în fiecare experiență, chiar și în cazul celor pe care le-ai putea considera ca fiind negative. Trebuie să cauți „sămânța de bine" în toate dificultățile și să crezi că, la un nivel mai profund, există un motiv pentru care toate lucrurile se întâmplă astfel.*

Acum intrăm în ceea ce unul dintre clienții lui Gerry numește „carnea și cartofii" din această carte. Am discutat despre mituri, am discutat despre adevăruri, iar acum vom discuta despre cum să schimbăm, efectiv, lumea. Răspunsul simplu este, desigur, acesta: pentru a schimba ceea ce aveți, trebuie să vă schimbați gândirea. Dacă toate gândurile creează realitate, iar realitatea actuală *nu* reflectă formele gând pe care le aveți despre ceea ce vă doriți în viață, atunci schimbați-vă, pur și simplu, modul de gândire! Acesta este, desigur, răspunsul simplu – dar el nu ar putea fi mai complex!

Am menționat anterior că omenirea și chiar regnul animal au dezvoltat un anumit tipar de gândire, care a evoluat ca răspuns condiționat la modul în care situațiile s-au desfăşurat în trecut. Această gândire este dificil de schimbat, întrucât a devenit o parte din ceea ce numiţi *subconştient*. Mentalitatea obişnuită este că mintea subconştientă este o parte a creierului care înregistrează toate experienţele vieţii, iar atunci când urmează să treci printr-o experienţă similară, subconştientul îţi va aminti de succesul tău din trecut sau de lipsa acestuia şi îţi va permite, sau nu, să întreprinzi respectiva acţiune. Sau că subconştientul îşi va aminti de situaţii traumatizante şi te va avertiza.

De fapt, teoria subconştientului este oarecum eronată, întrucât acesta nu se află deloc în minte. Memoria este o structură celulară care este stocată în corpul fizic, în sânge, oase, muşchi şi ţesuturi. Când faci apel la o amintire, creierul caută acele celule, după care va procesa informaţiile pentru a crea o imagine clară în mintea ta, pe care o numeşti *gând*. Memoria celulară care nu este considerată esenţială pentru susţinerea formei fizice este apoi depozitată în afara corpului, în suflet, şi devine o parte din conştiinţa colectivă.

Creierul fizic este responsabil pentru toate acţiunile tale conştiente, precum şi pentru lucrurile pe care le faci în mod automat, cum ar fi digestia alimentelor, somnul, respiraţia şi aşa mai departe. De asemenea, creierul va procesa toţi stimulii externi pe care îi experimentezi şi va filtra lucrurile care nu sunt esenţiale, pentru a finaliza programul pe care l-ai stabilit pentru supravieţuirea ta. Este foarte important să înţelegi că, întrucât scopul principal al creierului este acela de a susţine forma fizică, el ar putea lucra şi împotriva ta, atunci când încerci să introduci idei pe care el le consideră ca fiind împotriva primei sale directive. Repet, dacă ne întoarcem la funcţionarea unui calculator, acesta va funcţiona perfect atâta timp cât nu introduci informaţii incompatibile cu modul în care este programat.

Gândurile tale lucrează în același mod. Ele vor fi formulate în funcție de ceea ce înțelegi despre familia, cultura și mediul tău de viață actual. Dacă te-ai născut într-o familie foarte săracă, gândirea ta va fi programată să funcționeze în termenii acestor parametri de gândire și de aceea sărăcia tinde de multe ori să atragă sărăcie. Da, este adevărat că există influențe exterioare care îi pot determina pe oameni să se confrunte cu sărăcia, dar eu nu vorbesc de lipsa de resurse sau de oportunități, ci despre semnale subiacente, pe care creierul le percepe ca parametri ai așteptărilor tale legate de supraviețuire. Pentru a trece dincolo de mecanismul de supraviețuire al creierului, trebuie să fii capabil să apelezi la profunzimea experienței sufletului, pentru a rescrie procesul de gândire al creierului și pentru a-i extinde capacitatea și a-i modifica definiția supraviețuirii.

Aceia dintre voi care s-au născut în ceea ce se consideră a fi clasa de mijloc au dezvoltat, în general, gândirea că viața poate fi mai bună decât cea a săracilor, dacă muncești din greu și te lupți să ai succes. Adesea, acest lucru presupune să muncești pentru o altă clasă financiară, care este numită adesea clasa superioară.

Însuși cuvântul – ideea de bază din descrierea acestui grup – transmite creierului că ei sunt oarecum superiori altor oameni. Clasa superioară este formată, în general, din cei care s-au născut în familiile din această categorie, s-au căsătorit cu membrii ai familiilor din clasa superioară sau care au dezvoltat un talent, o îndemânare ori un concept care este atât de unic, încât sunt acceptați de clasele superioare. Asta se întâmplă adesea în domeniul divertismentului și al sportului, iar acea persoană ajunge la averea și statutul care îi va permite să devină membru al clasei superioare. Prin urmare, clasa superioară este formată din oameni care au un sentiment de apartenenţă la acea clasă, deoarece au stabilit parametrii acestui statut şi, prin urmare, se simt bine cu ceea ce sunt. Există o zicală: „Ban la ban trage." Există ceva adevăr în ea, pentru că cei care au bani şi-au extins sistemele de credinţă în ceea ce priveşte nevoile lor de supravieţuire şi, ca atare, ei proiectează energia care atrage banii înspre ei.

Cei care se confruntă cu o existenţă în cadrul clasei mai sărace sunt adesea copleşiţi de circumstanţe, dar mulţi luptă în continuare, pentru a ajunge în clasa de mijloc sau în cea superioară. Clasa de mijloc se străduieşte în mod constant să-şi depăşească condiţia şi se luptă pentru a ajunge în clasa superioară. Mulţi chiar se adâncesc în datorii pentru a putea crea faţada clasei superioare, fără a avea, de fapt, resursele sau modul de a gândi care să-i susţină în acest demers.

Cu toate acestea, din punct de vedere al sufletului, există numeroase motive pentru care cineva ar alege să se nască în oricare clasă şi, totodată, în toate diferitele clase sociale care s-au dezvoltat pe Pământ şi multe experienţe expansive de dezvoltare decurg din fiecare dintre acestea.

Sistemul de clase sociale influenţează în mod semnificativ modul în care gândeşti despre tine şi despre locul tău în această lume. Acesta contribuie la felul în care procesezi informaţiile şi în care te vezi pe tine, precum şi credinţele despre potenţialul tău de a fi un catalizator pentru a schimba lumea. Gândeşte-te la ceea ce am spus în capitolele anterioare şi vei putea să înţelegi cum mitul despre separare a ajutat la crearea rolurilor de clasă, avere şi putere.

Amintiţi-vă, pentru început, că toate fiinţele au fost create de acelaşi Creator şi de îngerii care au ajutat în procesul creaţiei. Amintiţi-vă, de asemenea, că al treilea nivel al creaţiei au fost sufletele şi că aceste suflete (voi, cititorii acestei cărţi) au primit capacitatea distinctă de a lua orice formă dorită, plasând o parte din energia lor în această formă. Prin urmare, aveţi posibilitatea – iar voi toţi deja aţi ales – să existaţi în fiecare dintre aceste clase, pentru a înţelege şi a evolua în urma acestor experienţe. Şi, în multe cazuri, faceţi acest lucru în multe forme diferite, în acelaşi timp.

Dacă vă este greu să înţelegeţi, imaginaţi-vă, pentru o clipă, magazinele de muzică online, pe care mulţi dintre voi le folosiţi pentru a descărca muzică în telefoanele mobile. Când muzica pe care o descărcaţi din *nor* devine o parte a aparatului vostru, o aveţi în dispozitivul personal de date, dar ea continuă să existe şi în nor, pentru ca şi alţii, în mod asemănător, să o poată accesa.

Aşa funcţionează sufletul. Plasează părţi din sine în forme care să-i permită să experimenteze viaţa în dispozitive de date diferite, ce pot veni, de fapt, în multe rase şi culturi, precum şi în clase diferite – şi toate se petrec în acelaşi timp. Acest lucru îi permite sufletului să încarce toate aceste informaţii de la aceste dispozitive şi aplicaţii umane şi să le prelucreze într-o înţelegere de ansamblu, devenind, astfel, un suflet în continuă evoluţie.

În acest proces, însă, voi, dispozitivele umane, sunteţi atât de ocupate trăindu-vă vieţile, încât nu aveţi nicio idee că puteţi, prin intermediul memoriei colective, să accesaţi experienţele celor care nu fac parte din aceleaşi grupuri cu voi, în prezent. Efectul net al acestui fapt este că *gândurile tale despre locul tău în viaţă îţi determină tocmai locul tău în viaţă.*

Acum, mulţi dintre voi aţi putea protesta şi spune că nu prin gândire aţi ajuns să fiţi îndatoraţi sau bolnavi şi că v-aţi săturat să tot auziţi că sunteţi responsabili pentru greutăţile din viaţă, iar eu pot să simpatizez cu voi, pentru că exprimaţi şi simţiţi această emoţie. Nu spun că toţi oamenii sunt într-un loc în care s-au pus în mod *conştient.*

Faceți parte dintr-o conştiinţă sau energie mai mare, care va reflecta înapoi spre voi lucrurile pe care credeţi că trebuie să le faceţi pentru a fi iubiţi! Vă repet asta întrucât este foarte important să înţelegeţi. Tot ce trăiţi în viaţă faceţi doar pentru a vă simţi iubiţi de alţii sau de voi înşivă. De ce stai pe plajă, la soare? Pentru că este ceva ce îi place sufletului tău! Deci, atunci când o faci, te simţi bine cu tine.

De ce faci lucruri pentru alte persoane? Poate pentru că tu consideri că eşti o persoană bună – şi chiar ai putea fi – dar motivul profund este acela că te face să te simţi bine (dragostea de sine) şi poate, de asemenea, să-i determine pe alţii să te iubească şi să te aprecieze. Vă rog să înţelegeţi că nu spun că nu există acte altruiste; ceea ce spun este că, odată ce iei formă fizică, care este mai densă decât sinele tău spiritual, eşti parţial separat de lumina şi căldura Creatorului şi cauţi în permanenţă să ai din nou acel sentiment!

Acest sentiment este iubire pură – şi asta încercaţi să experimentaţi. Unii dintre voi poate că aţi intrat în datorii, în timp ce încercaţi să aveţi grijă de altcineva, sau pentru că aţi cumpărat lucruri care să vă facă să vă simţiţi bine. Poate că nu v-aţi gândit niciodată că aţi făcut un anumit lucru ca să câştigaţi iubirea unei persoane sau că tot timpul aţi încercat să găsiţi ceva care să vă facă să simţiţi iubire pentru voi înşivă. Vedeţi voi, aceasta este provocarea formei umane.

De multe ori aflaţi că sunteţi răsfăţaţi sau iubiţi atunci când vă îmbolnăviţi, când sunteţi supăraţi sau când sunteţi persoana ce întreţine familia sau care îi împacă pe membrii ei. Aceste lecţii nu sunt lucruri la care vă gândiţi conştient atunci când deveniţi adulţi. Dar ele vor afecta lucrurile pe care le faceţi ca adulţi, pentru a căuta iubire şi acceptare.

Am stabilit că mintea inconştientă nu este localizată în creier, ci mai degrabă memoria celulară este cea care exist în celulele aflate în întreaga formă fizică şi în energia din jurul vostru, precum şi din conştiinţa colectivă. De asemenea, am stabilit că această conştiinţă colectivă este sursa tuturor informaţiilor de care aveţi nevoie pentru a avea o viaţă minunată şi împlinită.

Motivul pentru care este atât de important să înţelegeţi acest lucru este că amintirile care sunt stocate *în corpul vostru* pot produce, adesea, dureri fizice, atunci când încercaţi să ajungeţi la un sistem de credinţe care v-ar putea ajuta să avansaţi. Durerea este ca un sistem de alarmă. Vă va spune că în corpul vostru există ceva ce nu lucrează în armonie cu supravieţuirea acestuia sau cu o schimbare în gândirea programată. Problema este că aţi devenit parte dintr-o societate modernă care este mult mai axată pe stoparea durerii decât pe examinarea cauzei disconfortului. Şi dacă durerea nu a creat încă o stare fizică gravă sau nu poate fi clar identificată, atunci medicina modernă o va trata, în general, prin ameliorarea simptomelor.

Prin urmare, primul pas pe care trebuie să-l faceţi, dacă încercaţi să creaţi o viaţă mai bună pentru voi şi pentru alţii, este acesta: *Ascultaţi-vă corpul.* Vă va spune ori de câte ori există un dezechilibru energetic pe care ar trebui să-l rezolvaţi. Poate că vă doare stomacul, poate că vă simţiţi inima grea, poate că aveţi un nod în gât sau dureri de cap. Poate observaţi că vă doare gâtul atunci când sunteţi tensionaţi sau că „durerea în gât" provoacă o tensiune în corp. Aceste simptome ale corpului sunt primul indiciu care vă arată că este posibil ca vibraţia corpului vostru să nu fie în armonie cu ceea ce v-ar putea aduce cea mai bună viaţă posibilă pe care o căutaţi. Amintiţi-vă că sunteţi, în primul rând, o fiinţă spirituală, dar aţi ales să luaţi o formă fizică pentru a experimenta intelectul, instinctul şi emoţiile ca instrumente pentru a vă mări capacitatea de a deveni asemenea Creatorului. Durerea vă va ghida să găsiți locul unde apar deficiențe energetice, dar există ceva și mai ușor de accesat, care vă va arăta în mod clar ce *gânduri* vă influențează și care sunt *emoțiile* voastre.

Există doar două emoții principale, iar toate celelalte sunt produse de către acestea, respectiv iubirea și frica. Ele sunt yin-ul și yang-ul emoțional ale energiei polarității. Când simțiți iubire, atunci vei simți și bucurie, siguranță, pasiune și alte sentimente pozitive. Când simțiți frică, veți fi chinuiți de îndoieli, gelozie, posesivitate, lăcomie și alte sentimente negative. Frica este, în esență, absența iubirii.

Multe dintre răspunsurile emoționale sunt dezvoltate în copilăria timpurie. Când copiii se simt cu adevărat iubiți de părinții lor, vor învăța să se iubească pe sine. Vor fi mai siguri și mai încrezători în sine și vor crea, în mintea lor, tiparul de a-i iubi pe ceilalți. Atunci când copiii nu se simt pe deplin iubiți de părinții lor, încep să facă lucruri pentru a le atrage acestora atenția: rivalități între frați, accese de furie, instigarea părinților unul împotriva celuilalt și, în general, un comportament obraznic. Dacă analizați cum s-au dezvoltat copiii, veți observa adesea că ei prelungesc multe dintre aceste trăsături până la vârsta adultă.

Dacă primii voștri profesori – părinții, bunicii sau frații – nu sunt absolut siguri că sunt iubiți, atunci le veți prelua temerile. Mulți copii preiau aceste temeri ca fiind ale lor.

Dar ceea ce face ca acest lucru să fie mai acceptabil este faptul că, deși e posibil ca în prezent să trăiți tipare ce provin din frică, voi să simțiți, de asemenea, și opusul ei – iubirea – și, astfel, e mult mai posibil să simțiți incredibila profunzime a bucuriei și a celorlalte emoții minunate, atunci când vă veți muta în energia iubirii. Deci, să examinăm trei paşi pe care îi poţi face, dragă cititorule, pentru a identifica starea actuală a energiei şi a emoţiilor tale şi pentru a încerca să vindeci energia fricii şi să îmbrăţişezi energia iubirii:

**Pasul 1**: Ascultă-ţi corpul. Închide ochii, inspiră şi imaginează-ţi cum respiraţia intră prin vârful capului şi merge spre terminaţiile degetelor de la picioare. Observă cum se simte corpul tău atunci când faci acest lucru. Simţi anumite părţi mai grele? Sunt părţi în care simţi lumina? Sunt părţi în care simţi furnicături sau amorţeală? Sunt părţi în care simţi durere? Identifică sentimentele şi de unde provin acestea.

**Pasul 2**: Identifică dacă durerea sau senzaţia este asociată cu iubire sau cu frică. În 99% dintre cazuri, vei descoperi că durerea este, într-un fel, asociată cu o emoţie născută din frică. Dar, ocazional, ar putea veni din iubire, ca în cazul durerilor la stomac sau al palpitaţiilor. Pentru a identifica ce se întâmplă într-o anumită zonă, cere-i pur şi simplu corpului să-ţi spună ce simţi în acea zonă şi ai încredere în răspunsuri. Dacă nu vine niciun răspuns clar, atunci fii atent la ce anume apare. Poate fi vorba despre culori sau forme – întreabă-ţi corpul ce înseamnă acele culori sau forme. Poate că va apărea o imagine, care este simbolică pentru ceea ce simte corpul tău. Întreabă corpul ce pot însemna simbolurile. Cel mai important lucru este să continui şi să ai încredere în percepţiile tale, pe măsură ce corpul vorbeşte cu tine. El îţi vorbeşte tot timpul prin senzaţiile fizice pe care le simţi. Făcând acest lucru, îi ceri, de fapt, creierului să permită acestor senzaţii fizice să se exprime şi să auzi ce îţi spun în gândurile tale. Corpul îţi vorbeşte la fel cum îţi auzi conştiinţa.

**Pasul 3**: Dacă simţi ceva bazat pe frică, pune mâna pe zona afectată şi imaginează-ţi cum se umple de gânduri iubitoare. Gândeşte-te la cele mai fericite momente din viaţă, când te-ai simţit iubit. Nu trebuie să fie vorba despre iubirea altui om. Ar putea fi iubirea unui animal de companie, sentimentul trezit de frumuseţea profundă a naturii sau ceva atât de puternic încât ţi-a lăsat sentimentul că există o ordine divină minunată, care *este* iubirea.

Poate că ţi se va părea dificil la început, dar, pe parcurs, procesul devine mai uşor, iar în curând vei descoperi că faci asta aproape automat. Cheia este să poţi găsi rapid ceva care să-ţi amintească că eşti iubit. Acest lucru poate fi uneori o provocare, deoarece culturile voastre – şi, cu siguranţă, buletinele de ştiri – sunt atât de condiţionate ca să se concentreze în primul rând pe lucrurile rele din viaţă încât, de multe ori, luaţi lucrurile bune ca fiind de la sine înţelese.

Pentru a da curs acestei provocări, îţi sugerez să începi să păstrezi un carnet, pe care-l vom numi *Ghidul recunoştinţei*. Acesta este locul unde poţi scrie toate lucrurile care ţi s-au întâmplat în acea zi, pentru care te simţi recunoscător. Repet, la început poate fi dificil, deoarece mulţi oameni consideră că lucrurile bune sunt ceva normal.

Poţi începe să schimbi această situaţie, ţinând o evidenţă mentală a acţiunilor tale, pe parcursul zilei. Te-ai trezit când a sunat alarma? Ai considerat că e amintirea sâcâitoare a unei alte zile? Ai putea-o vedea ca pe o binecuvântare. Este o altă dimineaţă, în care ai deschis ochii la sunetul a ceva care a fost creat pentru a te ajuta să nu pierzi întâlniri importante. În cele mai multe cazuri, ceasul este alimentat de energia electrică din casa ta, care ajunge acolo prin munca altor oameni. Ai putea zice: *Da, dar plătesc pentru ea*. E adevărat, dar nu te-ai simţi mult mai bine, dacă ai şti că, undeva, există cineva care este recunoscător că te duci la serviciu ca să-ţi faci treaba? Mulţumeşte-le celor care au grijă ca tu să ai energie electrică.

Să mergem în baie acum. La un moment dat în istorie, nici măcar cei mai bogaţi şi mai puternici oameni nu puteau să intre într-o cameră şi să aprindă lumina, în timp ce potriveau robinetele de apă rece şi caldă, pentru a crea temperatura potrivită ca să se spele. Ca să nu mai vorbim de faptul că există, şi acum, locuri în lume unde nu sunt toalete interioare sau apă curentă. Poţi fi foarte recunoscător pentru această cameră şi faţă de oamenii care ţi-au făcut prosoape moi, precum şi crema de ras şi deodorantul – toate lucrurile care îţi fac viaţa mai uşoară.

Există în casa ta căldură, ventilatoare sau aer condiţionat? Până prin 1950, multe case nu aveau aceste lucruri. Cei mai mulţi aveau nevoie de sobe cu cărbune pentru a încălzi apa şi o singură cameră! Când pleci din baie, ce faci mai departe? Îmbraci haine care au fost făcute pentru tine de altcineva. Îi mulţumeşti vreodată acelei persoane sau celui care a proiectat hainele în care te simţi atât de frumos sau de bine?

Ai mâncat micul dejun? Ai în bucătărie alimente pe care le-ai luat de la un magazin? Le-ai mulţumit vreodată oamenilor care lucrează acolo sau celor care le-au produs, transportat ori chiar împachetat, pentru ca ele să rămână proaspete pentru tine?

Când pleci spre serviciu, mergi cu maşina, cu autobuzul, cu trenul sau cu bicicleta? Le-ai mulţumit vreodată oamenilor care au construit mijlocul de transport sau pentru adăpostul pe care ţi-l oferă el faţă de mediul exterior? În cazul transportului public, le-ai mulţumit vreodată oamenilor care îl conduc?

Când ajungi la serviciu, mulţumeşti vreodată pentru slujba ta? Mulţi oameni sunt şomeri. Iar dacă eşti unul dintre cei care nu au de lucru, eşti recunoscător pentru că eşti destul de sănătos pentru a-ţi căuta o slujbă?

Dacă eşti într-o relaţie, îi mulţumeşti acelei persoane, o iubeşti şi o apreciezi? Dacă nu, le mulţumeşti celor care au grijă de tine, pentru că văd binele din tine?

Dacă treci printr-o perioadă de boală, mulţumeşti pentru toate minunile pe care le-a creat ştiinţa modernă şi pentru multitudinea de terapii alternative care îţi sunt disponibile pentru vindecare? Mulţumeşti pentru sănătatea ta, dacă nu eşti bolnav?

Ideea este că, dacă privim dintr-un loc al iubirii, atunci există atât de multe lucruri pentru care poţi fi recunoscător şi pe acestea ar trebui să le scrii în ghidul tău de recunoştinţă. Există, de asemenea, un secret legat de recunoştinţă. Ai dat vreodată ceva unei persoane, iar ea a fost atât de recunoscătoare încât te-a determinat să-i dăruieşti şi mai mult? Şi invers, ai dat vreodată un cadou cuiva care a reacţionat puţin sau chiar deloc? Nu te-a făcut să te gândeşti: *nici nu trebuia să mă obosesc!*

Îţi aminteşti că am discutat că energia atrage acelaşi tip de energie? Dacă eşti recunoscător pentru tot ce primeşti, chiar şi pentru provocări, vei atrage mai multe lucruri pentru care vei fi cu adevărat recunoscător. Şi invers, dacă nu simţi recunoştinţă pentru ceea ce primeşti, vei emite energia care spune că nu ai nevoie de nimic – şi exact asta vei primi!

Dacă vrei să-ţi schimbi gândirea dintr-un loc al fricii într-unul al iubirii, trebuie doar să te surprinzi atunci când ai gânduri ce se nasc din lipsă sau din ingratitudine sau din frică şi să le înlocuieşti cu unele care te fac să fii recunoscător.

Ar fi de preferat să fie gânduri care să atingă cu adevărat o coardă emoţională şi care să te facă să-ţi aminteşti sentimentul de bucurie pe care l-a trezit în tine, ceea ce va provoca un sentiment de recunoştinţă adevărată. Toţi oamenii au avut o experienţă de viaţă care îi face să zâmbească atunci când se gândesc la ea – ceva foarte bun care li s-a întâmplat! A fost un moment când te-ai simţit profund iubit sau apreciat de alţii sau ai avut o experienţă uimitoare, care te-a făcut să te simţi foarte norocos. Acest gând va deveni ceea ce voi numi în continuare *gândul pivot*. Poţi să foloseşti acest gând – sau oricare altul care îţi oferă acelaşi răspuns emoţional –, pentru a pivota de la o emoţie motivată de frică, cum ar fi furia, la un sentiment bazat pe iubire, cum ar fi bucuria sau recunoştinţa.

Te rog, îţi cer să nu spui, de dragul dezbaterii acestui principiu: „Margareta, şi dacă teama mea este îndreptăţită? Ce-ar fi dacă cineva ar avea un cuţit şi ar fi pe punctul de a mă înjunghia? Dacă m-aş gândi la un moment fericit, m-ar ajuta asta la ceva?" Deşi sunt sigură că gândul tău fericit ţi-ar schimba energia bazată pe frică, există momente pentru care a fost creată, iniţial, *reacţia de teamă:* pentru a stimula instinctul de supravieţuire, de tip *de luptă sau fugi,* atunci când este prezent un pericol fizic. Acest răspuns îi permite organismului să creeze toate reacţiile care îi sunt necesare pentru a funcţiona în acel moment. Aceasta a făcut parte din ordinea divină şi există la toate creaturile, într-o anumită măsură. Dificultatea intervine atunci când această reacţie psiho/fiziologică foarte importantă continuă toată ziua în corpul unei persoane care este stresată cu privire la locul de muncă, o relaţie sau o problemă de sănătate. Efectul este acela că organismul se epuizează prin producerea constantă de substanţe chimice interne, ce ar trebui să fie rezervate doar pentru o situaţie reală de supravieţuire. Aşadar, în cazul în care viaţa nu e pusă în pericol, da, un gând care stimulează un răspuns emoţional de fericire te poate ajuta să încetineşti ritmul sau să opreşti reacţia de frică.

În acest punct, poate că te gândeşti: *Asta e tot? Ăsta e marele adevăr a ceea ce ar trebui să fac pentru a-mi schimba gândirea? Tot ce trebuie să fac e să am un gând frumos?* Simt deja râsul înfundat şi îndoiala din mintea multora dintre voi, dar permiteţi-mi să repet ceea ce am spus încă de la începutul acestei cărţi: *Pentru a schimba lumea, trebuie să modificaţi modul în care gândiţi, minte după minte, moment după moment şi gând după gând! Deja emiteţi gândurile care vă creează viaţa actuală!*

Dragă cititorule, când te surprinzi într-un moment de gândire negativă şi pivotezi către un gând pozitiv, de fericire sau de recunoştinţă, acest lucru începe să stimuleze o altă forţă foarte puternică, care nu numai că poate să-ţi schimbe gândirea şi experienţele, dar îşi poate uni forţele cu cele ale altor oameni care gândesc la fel, pentru a crea o schimbare energetică pe planetă. Această energie se numeşte *credinţă*.

Când vorbesc aici despre credinţă, nu mă refer la ceva legat de vreo religie. Vorbesc, mai degrabă, despre credinţa într-o legătură mai profundă cu existenţa voastră actuală pe această planetă. Se pune accentul pe un motiv pozitiv în fiecare experienţă, chiar şi în cazul celor pe care le-ai putea considera ca fiind negative. Trebuie să cauţi „sămânţa de bine" în toate dificultăţile şi să crezi că, la un nivel mai profund, există un motiv pentru care toate lucrurile se întâmplă astfel.

Credinţa, atunci, este credinţa în nevăzut. Este convingerea potrivit căreia indiferent de ceea ce trăieşti, ceva mai bun e pe drum. Dacă acum poţi să accepţi că această existenţă este doar o componentă mică a imensităţii sufletului tău, atunci poţi vedea cum credinţa – credinţa în ceva mai mare decât actuala ta experienţă – stabileşte o legătură directă între gândurile tale şi suflet, îngerii tăi şi, în cele din urmă, cu Creatorul însuşi.

Modul în care acest lucru poate schimba lumea, la un nivel practic, este un alt fenomen interesant:

- O persoană îşi schimbă gândurile, trecând de la un gând de teamă la unul de încredere (cu accent pe o experienţă pozitivă).
- Această persoană începe să-şi schimbe tiparele obişnuite de gândire, ori de câte ori îi apar în minte gânduri de teamă, pe parcursul fiecărei zile.
- Într-o perioadă de 21 de zile, procesul de înlocuire a unui gând de teamă cu un gând de încredere începe să se creeze pe sine, într-o formă nouă de gândire obişnuită. Este adevărat că un comportament care este repetat în mod constant, pe o perioadă de 21 de zile, începe să se întipărească în psihicul uman ca obicei.
- Şi ceilalţi încep să observe o schimbare în persoana care şi-a schimbat gândirea. Ei sunt atraşi de acest individ, datorită atitudinii lui pozitive. Ei simt diferenţa de energie a persoanei şi, în cele din urmă, încep să-i imite comportamentul pozitiv, întrucât şi ei caută aceeaşi fericire.
- Pe măsură ce numărul oamenilor care fac acest lucru creşte, atunci obiceiul de a gândi pozitiv (cu încredere) începe să prindă rădăcini ca o mişcare în conştiinţa colectivă, iar la un moment dat gândirea începe să se deplaseze de la capătul caracterizat de teamă al spectrului, la cel de încredere.

Pe măsură ce conştiinţa colectivă cunoaşte o mutaţie, deplasarea gândirii începe să se accelereze într-un ritm foarte rapid, pentru că acum drumul e mai uşor. Dacă acest lucru pare imposibil, atunci o să-ţi ofer exemplul furnicii din împărăţia insectelor. O furnică este capabilă să ridice greutăţi de câteva ori mai mari decât greutatea ei, dar nu pentru perioade lungi de timp. Furnica mută lucrul de care are nevoie pentru o anumită perioadă de timp şi apoi se odihneşte sau pune lucrul respectiv într-un loc sigur, până când se va putea întoarce. Adesea, o altă furnică din această colonie va prelua obiectul de unde a fost lăsat şi îl va transporta în alt loc. Furnicile nu sunt, în general, conştiente de faptul că preiau obiecte transportate deja de o alta; ele mută, pur şi simplu, ceea ce au găsit, dintr-un loc în altul.

La fel se întâmplă şi în experienţa umană. Imaginea-ză-ţi gândul marcat de încredere ca un bolovan greu pe care îl împingi în sus pe deal, încercând să-l duci până în va-lea unde locuieşte familia ta. Intenţionezi să foloseşti acest bolovan ca material de construcţie pentru o clădire nouă. Bolovanul este greu şi eşti obişnuit să renunţi la bolovani atât de mari, întrucât gândul colectiv al tribului tău spune că e prea greu să împingi un bolovan la deal. Dar, la un mo-ment dat, începi să-ţi schimbi gândirea în raport cu situaţia respectivă şi împingi bolovanul câte puţin în fiecare zi. Vei ajunge într-un anumit loc şi vei spune: „Hei, am ajuns mai departe decât am crezut.“

Începi să le spui altora despre noul tău mod de gândire ori poate chiar ei observă că acţionezi diferit şi te întreabă: „De ce împingi bolovanul la deal?“ Le explici cum ai ajuns mult mai departe decât te-ai gândit vreodată să fie posibil şi, astfel, decid şi ei să facă acelaşi lucru. Curând, benefici-ezi de asistenţă din cele mai neaşteptate locuri. În cele din urmă, bolovanul ajunge în vârful dealului; unul dintre noii gânditori hotărăşte să-l împingă, uşor, peste punctul de bas-culare şi, deodată, bolovanul pare să aibă o energie proprie şi începe să accelereze pe drumul lui la vale. Oamenii din vale nu au muncit la aducerea bolovanului, dar acum ştiu că trebuie să adopte acest nou mod de gândire, pentru că nu au de ales; trebuie să o facă sau vor fi zdrobiţi de el.

Şi astfel, o singură persoană, care a început sarcina de a muta bolovanul, câte puţin în fiecare zi, a dat naştere, de fapt, unei întregi mişcări ce a schimbat modul în care s-au comportat oamenii. Exact aşa au apărut toate religiile actuale ale lumii voastre. Persoane singulare, grupuri mici, apoi grupuri mai mari au început să urmeze anumite credinţe; şi, pe măsură ce tot mai mulţi şi-au dat seama de angajamentul lor faţă de aceste moduri de gândire, au început să se alăture. În cele din urmă, chiar şi guvernele care urmăreau să reprime aceste religii şi-au dat seama că trebuie să facă loc acestui nou mod de gândire.

Dar religia nu este singurul lucru care e influenţat de credinţă. Dacă crezi că acesta este un concept îndepărtat, atunci te rog să cauţi dovezi în lumea tehnologică din jurul tău. Doi indivizi au schimbat modul în care funcţionează lumea, odată cu inventarea calculatorului personal, şi tot ce a urmat a schimbat modul în care trăim şi muncim. Câţiva oameni-cheie au avut un rol esenţial în crearea Facebook, ceea ce a schimbat modul în care comunică lumea.

Acesta este motivul pentru care, acum, puterea gândirii individuale este mai importantă decât oricând înainte. O persoană are în prezent posibilitatea de a-şi împărtăşi gândurile cu întreaga planetă, cu un simplu clic al mouse-ului. Există oameni din diferite părţi ale lumii care au iniţiat mişcări cetăţeneşti prin intermediul mijloacelor social media – care reprezintă energia bolovanului gândirii libere ce distruge, în cădere, dictaturi şi guverne ce nu acceptă modul de gândire nou. Se întâmplă în fiecare zi, pe întreaga planetă.

Gândirea unei persoane creează un nou concept de credinţă în noi posibilităţi, care schimbă faţa istoriei.

Ceea ce se întâmplă în acest moment este faptul că gândurile unui singur om se pot combina cu gândurile altui om atât de repede, încât aproape zilnic se întâmplă schimbări majore pe planeta voastră. Vă amintiţi, energia atrage mai mult din aceeaşi energie!

Revoluţiile apar şi sunt înăbuşite. Lumea este pozitivă şi finanţele înregistrează o creştere, iar apoi cea mai mică schimbare va determina o pierdere a încrederii consumatorilor (tradus: frică) şi toate economiile se prăbuşesc!

Lucrurile se întâmplă într-un ritm mai rapid decât s-au întâmplat vreodată, iar aceasta se datorează capacităţii voastre de a vă comunica gândurile cu oricine altcineva de pe planetă, în timp real. Gândurile voastre sunt comunicate pretutindeni pe Facebook, Twitter şi pe cel mai puternic dintre toate pentru crearea unui răspuns emoţional: YouTube. S-a spus că o imagine face cât 1 000 de cuvinte, iar eu aş spune că un video care creează o reacţie emoţională face cât 100 000 de cuvinte, deoarece creează multe gânduri noi într-o credinţă specifică şi primeşte energie de la emoţia inspirată vizual. Când cuplezi asta cu puterea muzicii, ai furtuna perfectă a gândirii.

De aceea este atât de important să-ţi schimbi gândurile – de la gânduri de frică la gânduri creatoare, pozitive, pline de încredere. Eşti bombardat de gândurile celorlalţi în fiecare zi. Poate că unii răspândesc gânduri de separare. Unii răspândesc poate gânduri de rasism. Alţii răspândesc gânduri de ură şi distrugere. Trebuie să fie multe, foarte multe voci care să vorbească de unitate. Trebuie să fie voci care cred în bunătatea inerentă a spiritului uman şi în relaţia dintre acest spirit cu energia planetei. Cei care aleg conştient să gândească în acest mod vor participa în deplasarea gândirii înspre locuri pozitive.

Îți promit că, pe măsură ce vei împinge bolovanul încet la deal, gând după gând, vei descoperi că există oameni care gândesc la fel și care te vor ajuta, împingând bolovanul în timp ce te odihnești, și apoi, brusc, vei descoperi că există mulți oameni care gândesc la fel și care te ajută să împingi bolovanul gândirii. Apoi, dintr-o dată, vei vedea că gândurile tale au ajuns în punctul de turnură și capătă energie și cresc în dimensiuni, pe măsură ce atrag din ce în ce mai mulți susținători, odată ce coboară dealul. Cheia este să continui să creezi aceste gânduri pozitive, astfel încât, pe măsură ce vor trece peste punctul de pivotare, să se unească cu bolovanii altor gânduri pozitive și, în cele din urmă, valea să fie re-creată cu pietrele de temelie ale gândirii pozitive, creative și bazată pe încredere.

*Este nevoie doar de un singur moment pentru a-ți schimba gândirea, dar acel moment îți va schimba viața!*

Există și alte modalități de a te schimba pe tine și planeta – și multe dintre ele te vor ajuta să faci această transformare mai ușor. Aceste metode îți ridică vibrația energetică, astfel încât să emiți o frecvență care va atrage înspre tine oameni care gândesc la fel, precum și situații care îți vor permite să-ți urmezi fericirea.

# Capitolul 15

## CREȘTEREA VIBRAȚIEI PLANETEI

*A sosit timpul!... Energia primordialului este în toate
lucrurile... A sosit momentul să ne ocupăm nu de diferențele
dintre noi, ci de ceea ce ne face asemănători.*

Procesul de schimbare a gândurilor tale de zi cu
zi poate fi dificil uneori, pentru că multe dintre
modurile tale obișnuite de gândire pot fi adânc înrădăcinate
în corp sau în afara corpului tău. Deci, pentru a-ți ridica
nivelul de gândire, ar fi util să înveți câteva lucruri speciale,
pentru a schimba vibrația câmpului tău energetic.

Fiecare ființă are o anumită frecvență, care este „numărul de telefon", sau „adresa" ei unică, dacă vrei. Atunci
când funcționezi la deplina ta capacitate energetică, telefonul tău beneficiază de o linie foarte clară, care poate primi,
cu ușurință, informațiile sufletului. Dacă frica te face să-ți
limitezi experiențele sau gândurile, atunci semnalul devine din ce în ce mai slab și chiar ai putea să pierzi semnalul către lucrurile bune care îți sunt transmise. Toți am
trăit asta. Atunci când funcționezi la capacitate maximă,
ești întotdeauna la locul potrivit, la momentul potrivit, dar
când semnalul este umbrit de frică, parcă nu-ți iese nimic.

Parcă banii nu sunt suficienţi sau îţi lipsesc oportunităţile sau alegi să nu faci lucruri despre care afli mai târziu că ar fi fost minunate. Există anumite tehnici care te pot ajuta să-ţi amplifici semnalul sau vibraţia personală. Cele pe care ţi le recomand nu sunt numai foarte eficiente, ci au şi un element comun: ele pot fi învăţate şi efectuate de oricine. Ai posibilitatea să le faci pentru tine şi, de asemenea, le poţi împărtăşi cu cei dragi.

Înainte de a începe să vorbesc despre tehnici specifice, permite-mi însă să explic exact ceea ce simţi atunci când vibraţia ta, sau nivelul de energie, este la capacitate maximă.

Atunci când câmpul tău de energie funcţionează în mod optim, ai încredere şi te simţi bine în pielea ta. Lucrurile par să se deruleze fără efort. Ai o senzaţie de lejeritate, de fericire şi de recunoştinţă. Vei atrage oameni şi experienţe minunate şi, în general, vei avea impresia că eşti în al nouălea cer. Poate că mulţi dintre voi nu vă amintiţi acest sentiment sau, dacă vi-l amintiţi, îl asociaţi numai cu anii copilăriei. Alţii poate că au observat sentimente similare în primele zile ale unei relaţii, atunci când eşti complet îndrăgostit de cineva, iar sentimentul e reciproc. Alţii l-au cunoscut la naşterea unui copil, atunci când au fost surprinşi de puritatea şi inocenţa absolută a copilaşului pe care îl ţineau în braţe.

Acesta este un sentiment minunat şi ai capacitatea de a-l experimenta în majoritatea timpului. Ceea ce te face să pierzi acest sentiment, însă, sunt factorii de stres din viaţa de zi cu zi, cărora le dai mai multă putere asupra ta decât ar merita, de fapt.

Câţi oameni nu au experimentat sentimentul de stres la serviciu, stresul financiar, stresul în ceea ce priveşte sănătatea sau stresul relaţional? Iar în timp ce aceşti factori de stres se manifestă, oare oamenii nu au impresia că nu pot găsi o cale de a trece dincolo de energia pe care o simt? Ei bine, există un motiv pentru asta.

Imaginează-ți că ești o sticlă transparentă, plină cu apă pură. Sursa ta de energie începe exact așa și este modul ideal în care ai putea exista. Uneori, viața ta începe să se umple cu o energie mai densă, pe care poți să ți-o închipui ca un ulei care se adaugă în apa pură. La început, factorii de stres sunt ușori, similari cu un ulei curat, prin care poți vedea, totuși îți afectează echilibrul perfect al apei tale pure (energia). Apoi, energii mai grele încep să-ți umple spațiul, energii care ar putea fi imaginate sub forma unui ulei gros și întunecat. Acum nu pare că mai poți vedea puritatea cu care ai început. Pe măsură ce uleiul se revarsă în recipient, el va înlocui apa și va pluti la suprafață, creând deasupra o peliculă.

Asta se întâmplă cu energia ta sau, dacă preferi, vibrația ta sau forța ta vitală. Începe ca un iaz limpede precum cristalul și apoi e poluat de idei și concepte care nu se potrivesc sau nu se amestecă cu creația originală. Aceste particule de emoții și gânduri nu se amestecă unele cu altele, astfel încât rămân la suprafață, creând o barieră care te împiedică să vezi în adânc. Iar dacă energia este suficient de grea, va deplasa energia inițială din recipient, înlocuind-o cu o murdărie tulbure.

Începi să vezi cum se întâmplă asta în propriul tău corp? Frica și iubirea sunt uleiul și apa; cele două pot trăi una lângă cealaltă, fiecare având propriul scop în situațiile vieții, dar nu se pot amesteca. Atunci când iubirea este energia principală, ea va risipi frica, iar când frica este principala energie, ea va disloca și va înlocui iubirea.

Prin urmare, pentru a ridica vibrația iubirii, este necesar ca, uneori, să te concentrezi să găsești energia care poluează energia pură, originală, sau să localizezi energia care a fost forțată să iasă prin pătrunderea energiei mai grele.

Practic, întreaga energie despre care vorbim a avut loc în trecutul tău și foarte frecvent în timpul tinereții tale. Acesta a fost momentul în care ți-ai formulat gândurile despre cum vei cântări binele și răul în lume. În general, însă, adulții nu văd că este foarte posibil ca tiparele comportamentale cu care se luptă în prezent să se fi instalat în tinerețea lor. Corpul își amintește situațiile care te-au făcut să-ți structurezi primele credințe, cum ar fi: „Nimeni nu a spus vreodată că viața o să fie ușoară" sau „Banii sunt rădăcina tuturor relelor" sau „Acea persoană nu e ca noi sau nu e suficient de bună" sau „Nu faci parte din clasa socială a acelor oameni".

Acestea sunt gândurile care formează primele opinii, convingeri și temeri. Iar cele mai multe sunt îngropate undeva în memoria celulară a corpului tău.

Pentru a găsi și a elibera aceste amintiri, există mai multe tehnici utile și care pot fi făcute în intimitatea casei tale, cele mai multe implicând costuri mici sau chiar deloc. Subliniez asta deoarece, pentru ca planeta să treacă printr-o schimbare majoră, este imperativ ca mulți oameni să aibă acces la aceste informații. Și, deși unii dintre cei care citesc această carte poate că au auzit de aceste tehnici, există o majoritate mare care aude de ele pentru prima dată. Pentru mai multe informații cu privire la toate aceste tehnici, precum și despre experții din fiecare domeniu, poți să accesezi site-ul lui Gerry: www.gerrygavin.com.

Iată care sunt tehnicile pe care ți le recomand să le studiezi. Unii dintre voi se vor simți atrași mai mult de unele decât de altele, iar asta ține de natura voastră unică și de liberul arbitru. Permite, așadar, intuiției și inimii tale să aleagă metodele potrivite pentru tine. De asemenea, ai putea alege să le faci pe toate, astfel încât să poți lua decizii bazate pe propria ta experiență. Nu există un răspuns greșit în această privință.

Iar dacă nu ești sigur, ți-aș sugera să depui o cerere pentru a beneficia de asistență tehnică din partea dezvoltatorului programului. Cu alte cuvinte, roagă-te. În engleza veche, cuvântul *rugăciune* era sinonim cu „cerere": „Te rog, bunule domn, mi-ai putea arăta drumul corect?" Rugăciunile tale sunt la fel. Îi ceri, pur și simplu, Creatorului să te ajute să găsești calea corectă. O informație suplimentară despre rugăciune: în procesul de a fi trimisă Creatorului, rugăciunea este încărcată automat în conștiința colectivă. Atunci când mai mult de o persoană se roagă pentru același lucru, aceste rugăciuni își unesc energiile și forțele. Rugăciunea este un instrument energetic foarte puternic și, de asemenea, este o tehnică de vindecare și o tehnică creativă pozitivă. Creatorul aude și îți răspunde la rugăciuni, dându-ți acces la întreaga energie de care ai nevoie pentru a-ți satisface cererea, doar dacă credința ta în rugăciune este suficient de puternică pentru a rămâne fermă pe direcție.

Primul și cel mai rapid mod de a-ți ridica vibrația și pe a celor pe care-i iubești este:

### Rugăciunea
*Pentru tine, pentru cei dragi, pentru cei care te enervează și pentru cei pe care nici măcar nu-i știi.*

Direcționarea rugăciunii tale pentru tine, pentru cei dragi și pentru necunoscuți confirmă credința în egalitatea întregii omeniri și îi oferă rugăciunii tale o putere și mai mare, întrucât intenția ta nu este doar aceea de a-ți crește propria vibrație. Tu ceri creșterea vibrației celor pe care îi iubeşti, trimiţi iubire celor care te enervează – prin urmare mânia se disipează. În cele din urmă, trimiţi energie celor care au cea mai mare nevoie de ea şi, astfel, îi permiţi Creatorului şi îngerilor să o răspândească unui grup aproape infinit. Acest lucru este, într-adevăr, foarte puternic!

## Meditaţia

Există mai multe persoane care meditează acum decât au existat vreodată, iar acesta este un proces foarte puternic. Ceea ce face ca meditaţia să fie diferită de rugăciune este faptul că poţi intra în ea cu uşurinţă, fără a cere sau a planifica. Scopul tău este acela de a-ţi linişti mintea şi de a-ţi permite să intri în liniştea fiinţei tale, unde poţi să ai o legătură directă cu sinele tău superior sau sufletul.

Meditaţia poate lua multe forme, dar toate au la bază respiraţia. Concentrându-te pe respiraţie, permiţi corpului şi creierului să primească mai mult oxigen, ceea ce determină o reacţie de relaxare şi îi permite minţii să se elibereze de gândurile care sunt alimentate de frică. Gerry foloseşte şi prezintă o tehnică de respiraţie foarte simplă, pe care o numeşte *procesul celor şapte respiraţii norocoase*. Este un exerciţiu foarte uşor de făcut.

Stai în şezut sau întins confortabil şi îţi numeri respiraţiile. Inspiră numărând până la şapte (aproximativ şapte secunde) şi, apoi, ţine-ţi respiraţia timp de şapte secunde. Expiră timp de şapte secunde şi continuă să repeţi acest proces. Vei ajunge ca, la un moment dat, să nu te mai gândeşti la nimic, iar mintea să fie axată doar pe respiraţie şi pe numărat. În cele din urmă, vei începe să te concentrezi doar asupra respiraţiei şi apoi asupra liniştii şi clarităţii gândirii, care vin în mod natural. Cel mai bine este să inspiri pe nas și să expiri pe gură – dacă este posibil.

Unii cred că ar trebui să intri într-o meditație cu o întrebare sau o problemă pe care dorești să o rezolvi în timp ce te afli în acest proces. E bine să faci asta și poate fi foarte productiv, dar ți-aș sugera să intri în meditație cât de des poți, fără niciun alt plan în afară de relaxare și bucurie. În această stare, îți vei crește mult vibrația, iar acest lucru îți va permite să ieși din meditație cu o atitudine mentală ce te va ajuta să fii deschis către soluții pentru viața ta. Poți să o faci acasă, la serviciu sau aproape oriunde și nu este nevoie de nicio pregătire specială. Pe măsură ce vei practica mai mult, vei descoperi că ai nevoie de mai puțin timp pentru a-ți induce o stare de relaxare și că aștepți cu nerăbdare acel moment. Te încurajez să faci pauze scurte pentru exercitiul de respirație pe parcursul întregii zile, în special dimineața devreme, înainte de a-ți începe ziua, și seara, cu puțin înainte de a te culca. Acestea sunt momente importante, întrucât îți oferă posibilitatea de a-ți pregăti ziua pentru succes – într-o stare de relaxare; de asemenea, o poți folosi pentru a risipi stresul din timpul zilei și a intra apoi fără griji în starea de somn.

Pentru mulți dintre cei care nu dau o importanță prea mare meditației, aș dori să subliniez faptul că multe spitale, în special cele specializate în tratamentul cancerului, oferă cursuri de meditație, pentru a-i ajuta pe pacienții lor să ajungă la atitudinea mentală potrivită, care să susțină eforturile de vindecare ale corpului lor. S-a dovedit științific faptul că legătura creier-corp poate fi influențată în totalitate de atitudinea mentală a pacientului și, dat fiind că este suficient de eficientă pentru a crește vibrația corpului în scopuri de vindecare, atunci în mod clar este eficientă și pentru alte scopuri.

## *Experimentaţi şi învăţaţi Reiki*

Reiki este una dintre cele mai vechi tehnici de vindecare din lume şi are drept scop creşterea vibraţiei voastre. Reiki face acest lucru acordându-vă la frecvenţa informaţiilor care sunt descărcate şi la energia universală a vieţii, care este trimisă direct de Creator, îngeri şi sufletul tău, pentru a avea sănătate, fericire şi iubire necondiţionată. Este aceeaşi metodă care a fost folosită de preoţii egipteni antici şi de alte popoare din întreaga lume. Cuvântul *Reiki* vine din japoneză şi înseamnă „energie universală" sau „forţă vitală" şi te conectează direct cu fluxul de energie existent între lumea spirituală şi cea fizică. În prezent, principalul mod de a te acorda pentru a primi această energie este printr-o altă persoană, care a devenit maestru al artei şi ştiinţei Reiki.

Această acordare poate fi făcută atât personal, cât şi la distanţe mari, iar eu l-am ajutat pe Gerry să descopere metode pentru a face asta la distanţă. Ca şi alte lucruri pe care le descriu în această secţiune, Reiki poate fi făcut asupra ta sau poţi face Reiki asupra altor persoane, animale, plante, produse alimentare şi chiar asupra energiei de la locul de muncă. Având în vedere că amplifică forţa vitală vindecătoare şi creatoare, Reiki este o metodă sigură pentru toată lumea. Celălalt aspect minunat este că, atunci când faci Reiki pe altcineva, energia trece prin tine şi intră în acea persoană, astfel încât primeşti şi tu energia vindecătoare şi creatoare, care îţi ridică vibraţia!

Cel mai bun mod de a înţelege despre ce vorbesc este să experimentezi Reiki în mod direct. Poţi face acest lucru prin participarea la un program gratuit de Reiki în comunitatea ta locală. Practicanţii de Reiki organizează adesea astfel de programe, pentru a împărtăşi cunoştinţele şi sentimentele minunate pe care le produce acestă tehnică.

### *Află mai multe despre metoda* Tapping *(cunoscută şi ca Tehnica de Eliberare Emoţională)*

Pentru aceia dintre voi care citesc această carte şi trăiesc în Occident, este posibil să găsiţi confort în această metodă. Ea uneşte tehnica orientală a presopuncturii cu conceptele occidentale de terapie prin comunicare. Se bazează pe bătăi uşoare cu degetele pe punctele de presopunctură de pe cap şi din partea superioară a trunchiului şi pe descrierea cu voce tare a situaţiilor de viaţă pe care încerci să le depăşeşti. Faptul că dai glas sentimentelor tale în acest mod este foarte productiv, deoarece spune organismului să elibereze o anumită energie pe care este posibil să o ai în oase, muşchi sau ţesut. Această energie a unei amintiri sau a unei traume din trecut nu numai că rămâne blocată în aceste părţi ale corpului, dar, de asemenea, se reproduce pe sine la fiecare şapte ani. Atunci când slăbeşti energia şi o aduci la suprafaţă, este posibil să te simţi rău la început, dar cu cât te concentrezi mai mult pe ea, cu atât mai mult vei descoperi că trupul tău îţi vorbeşte, prin identificarea unor pungi de energie reţinută, prin senzaţia de greutate şi, uneori, chiar printr-un uşor disconfort.

*Tapping*-ul este un instrument minunat, întrucât poţi să-l înveţi singur sau cu ajutorul unui instructor. Îl poţi folosi pentru a elibera toate tipurile de blocaje energetice: fizice, emoţionale şi chiar spirituale. Această tehnică îţi va creşte foarte mult vibraţia, pe măsură ce străpunge blocajele. Îi sfătuiesc din toată inima pe toţi să înveţe această tehnică. Există mulţi care o folosesc deja şi chiar are un mare potenţial de a ajuta la schimbarea globală în gândire. Există, de asemenea, un film minunat despre această metodă, numit *The Tapping Solution* [*Soluţia* tapping]. Creatorul lui, Nick Ortner, împreună cu fraţii săi, Jessica şi Alex, susţin, de asemenea, un program denumit *Tapping Angels*, care urmăreşte să ofere filme gratuite despre această metodă închisorilor şi altor grupuri defavorizate.

## Uleiurile esenţiale şi energia

Unul dintre cele mai puternice simţuri pe care îl au atât oamenii, cât şi alte specii de animale este simţul olfactiv – simţul mirosului. Ştii că un parfum special, anumite alimente sau un parfum natural te pot duce înapoi în timp, la momentul când le-ai mai mirosit. Şi nasul este la fel de important ca respiraţia în procesul meditaţiei, deoarece îi permite respiraţiei să transporte mesaje puternice. Simţul olfactiv identifică feromonii, care se numără printre factorii cei mai puternici în declanşarea atracţiei între membrii regnului animal, inclusiv în cazul oamenilor. Copaci, plante şi flori – toate produc remedii vindecătoare de care omenirea şi animalele au nevoie pentru a fi sănătoşi şi pentru a vibra la frecvenţa potrivită păstrării legăturii cu sufletele lor. Urmărind comportamentul animalelor, popoarele indigene au aflat metodele de a folosi plantele, scoarţa de copac şi florile pentru a se vindeca.

Multe dintre aceste plante creează uleiuri naturale, care pot fi inhalate, frecate pe piele sau chiar ingerate uneori. Probabil cunoşti deja multe dintre ele. Mirosul de lavandă poate fi găsit acum în multe şampoane şi lumânări, iar oamenii au ajuns să accepte faptul că efectul ei este liniştitor. Portocala este folosită pentru soluţii de curăţare, dar şi pentru bună dispoziţie. Pinul şi menta au, de asemenea, proprietăţi foarte puternice de vindecare. Pinul este folosit pentru a ucide microbii şi bacteriile, iar menta este cunoscută pentru vindecarea problemelor digestive. Deci, conceptul de utilizare a uleiurilor pentru ridicarea vibraţiei nu este, în definitiv, chiar atât de ciudat!

Adevărul este că uleiurile esenţiale pot deveni unul dintre cei mai de încredere prieteni ai voştri. Există uleiuri pentru prim-ajutor, pentru baie, pentru minte, pentru alimente şi toate contribuie la bunăstarea voastră generală. Multe popoare indigene au înţeles că tot ce ne înconjoară – copacii, plantele, florile – au o energie şi o forţă vitală specială şi folosesc cu respect această forţă pentru a se hrăni şi pentru a crea remedii de vindecare. La sfârşitul acestui capitol, voi vorbi puţin mai mult despre energia popoarelor indigene.

În zilele noastre, poţi achiziţiona uleiuri de la mai multe companii care se dedică menţinerii purităţii uleiurilor esenţiale. Unele dintre aceste uleiuri pot fi găsite la magazinele cu produse naturiste şi de sănătate sau on-line, iar mulţi creează chiar amestecuri de uleiuri, ce pot fi folosite pentru scopuri foarte specifice. Există, de asemenea, terapeuţi minunaţi, care vă pot ajuta să aflaţi mai multe despre uleiuri, atât online, cât şi în comunităţile voastre. Uleiurile esenţiale sunt un instrument rapid şi simplu de ridicare a vibraţiei şi frecvenţei umane, deoarece sunt în perfect acord cu natura şi cu puritatea esenţei plantei, florii sau scoarţei de copac. Eu vă îndemn să le folosiţi!

### *Dezvoltarea intuiţiei*

Cei mai mulţi oameni au auzit sau chiar au experimentat diferite aspecte ale aşa-zisului al şaselea simţ. Cunoaşteţi, de asemenea, noţiunea de „intuiţie feminină" – atunci când femeile simt deseori lucruri pe care bărbaţii, cu abordarea lor mai logică, nu le observă.

Dar atât bărbaţii, cât şi femeile îşi pot dezvolta capacitatea de a vedea dincolo de limitările celor cinci simţuri şi pot avea o cunoaştere mai profundă, care să le permită să descarce informaţii dintr-o poziţie mai bună.

Există învăţători minunaţi care te pot instrui cu privire la modul în care îţi poţi dezvolta capacităţile intuitive. Este o parte a capacităţilor umane pe care doar puţini o accesează şi, totuşi, este o abilitate pe care o puteţi avea cu toţii. Aşa cum a făcut Gerry, puteţi învăţa să vorbiţi cu îngerii voştri, cu alte ajutoare spirituale şi chiar cu Creatorul însuşi.

În următorii ani, pe măsură ce frecvenţa energetică a planetei va creşte, cei ce au capacitatea de a fi mai mult în contact cu partea lor intuitivă se vor descurca mult mai uşor.

Învaţă să-ţi deschizi al treilea ochi, sau chakra a şasea, şi vei vedea lumea şi pe tine însuţi cu o claritate la care nu te-ai fi gândit vreodată că este posibilă.

### *Recuperarea sufletului*

Poate îţi aminteşti că, atunci când vorbeam, într-un capitol anterior, despre modul în care corpul tău procesează energia şi trauma, am menţionat că există momente în care creierul tău, la fel ca un calculator, identifică o anumită situaţie ca fiind un element ce trebuie „obligatoriu şters". E ca şi cum computerul ar ocoli fişierul de carantină şi ar trimite informaţii direct în coşul de gunoi, fără a da vreo şansă corpului de a analiza conţinutul. În limbajul celor care lucrează cu acest fenomen, acesta se numeşte *pierderea sufletului*. Ea se întâmplă deoarece o parte din energia pe care sufletul vostru a investit-o în forma umană este efectiv separată şi rămâne într-un alt loc şi timp.

Deşi nu există încă o tehnică pentru a aduna fragmentele de suflet pe care să o poţi aplica de unul singur, Gerry cercetează modul în care acest lucru poate fi realizat. El foloseşte tehnica de recuperare a sufletului de ani de zile şi o predă la seminarii. De asemenea, el aplică tehnica şi la distanţă. Recuperarea sufletului este realizată de către o persoană care practică arta şamanică antică, fie la tine acasă, fie în spaţiul ei de vindecare, fie la distanţă. În cazul multor oameni, această tehnică potenţează toate celelalte tehnici. Însă nu poţi să vindeci părţi din tine folosind alte tehnici, în cazul în care există o pierdere semnificativă de suflet. Aş compara asta cu o petrecere unde oaspeţii de onoare nu au fost invitaţi. Recuperarea sufletului îţi permite să aduci înapoi fragmente din sufletul tău care e posibil să fi fost pierdute în unele dintre perioadele formative sau tranzitorii.

### Aplicarea metodei „Întrebărilor potrivite"

Cu câteva luni în urmă, l-am călăuzit pe Gerry să descopere un program de învăţământ on-line, îndrumat de către fondatorul său vizionar, Jeffrey Howard. Au fost mulţi membri universitari minunaţi în acest program, care transmiteau mesaje angelice inspirate. Unul dintre aceştia a fost Noah St. John, care a descoperit un sistem prin care să-ţi schimbi modul de gândire şi, în final, vibraţia. Acest sistem este numit *Întrebările potrivite* (*afformations*, în original). Ştii că, de multe ori pe parcursul acestei cărţi, am folosit analogii din domeniul calculatoarelor şi tehnologiei, pentru că mulţi dintre voi sunteţi familiarizaţi cu ele. Noah a fost inspirat de acelaşi concept şi a ajuns să înţeleagă că problema pe care o au majoritatea oamenilor cu gândirea este aceea că pun întrebările greşite. El şi-a dat seama că mintea lucrează precum Google – este un motor de căutare. Când pui o întrebare de genul: „De ce mi se întâmplă asta mereu?", mintea îţi va răspunde ca un motor de căutare şi va face apel la întreaga memorie celulară pentru a răspunde direct la întrebare şi pentru a demonstra teoria că meriţi să ţi se întâmple anumite lucruri.

Noah s-a întrebat ce s-ar întâmpla dacă ai schimba căutarea, *schimbând întrebarea*. În loc să spui: „De ce nu pot niciodată să merg mai departe?", ai putea întreba: „Ce anume mă ajută să înaintez cu uşurinţă?" Astfel, odată cu introducerea unei alte întrebări în motorul de căutare, creierul va căuta memoria celulară pentru a găsi un răspuns diferit. El va face apel la punctele tale forte, precum şi la experienţe care să te ajute să recuperezi nu doar amintiri, ci şi emoţia energiei din aceste succese.

Există situaţii în care afirmaţiile nu au întotdeauna succes. Uneori este dificil pentru creier să creadă un concept complet străin de circumstanţele de viaţă actuale. Dacă îţi spui că eşti prosper atunci când te afli într-o casă întunecată pentru că energia electrică ţi-a fost tăiată, e un concept pe care creierul o să-l accepte cu greu. Dar dacă te întrebi: „De ce îmi este atât de uşor să câştig banii de care am nevoie pentru a fi prosper?", atunci creierul este setat să caute răspunsul la această întrebare şi te va ajuta să-ţi aminteşti, sau să aduci energia a tot ce te va ajuta să creezi această realitate. Aceasta este o tehnică foarte eficientă pe care o foloseşte Gerry şi pe care o prezintă clienţilor săi. Există mai multe informaţii despre Noah Sf. John şi această tehnică pe site-ul lui Gerry. Dragii mei, nu pot să subliniez suficient cât de puternic este acest instrument! Vă rog, permiteţi-i să vă ajute în viaţa voastră, astăzi. Când este utilizat în combinaţie cu afirmaţiile, este chiar şi mai puternic.

### Întoarcerea la „Cale"

Pe parcursul acestui text există referiri la popoarele indigene. Fac acest lucru întrucât majoritatea oamenilor care au trăit pe pământ, înainte de a deveni „civilizaţi", simţeau o iubire, un respect şi o protecţie reală pentru tot ce este viu.

Când coloniştii au venit pe pământurile lor, majoritatea popoarelor indigene i-au întâmpinat ca prieteni şi au împărţit cu ei tot ce aveau. Sistemele lor de credinţă îi învăţau că a trăi conştient nu e doar o lozincă asupra căreia cineva ar putea lucra pentru a se dezvolta pe sine. Pentru ei era un mod de viaţă. Pământul era respectat şi venerat, ca un miracol al Marelui Spirit sau al altor binefăcători spirituali. Creaturile, mari şi mici, erau toate tratate ca fraţi şi surori. Nu exista o mişcare ecologistă, deoarece conservarea şi protecţia planetei făceau parte din viaţa de zi cu zi. Ei au permis ochilor şi urechilor lor intuitive să se deschidă, astfel încât să poată auzi limbajul plantelor, al apei, vântului, al celorlalte creaturi şi al lumii spiritului.

Momentul care se îndreaptă spre noi este de reîntoarcere la acest mod de viaţă. Gerry foloseşte adesea expresia: „Tot ce e nou, de fapt, este foarte vechi", iar în cazul credinţelor popoarelor indigene, acest lucru este foarte adevărat.

Este timpul ca oamenii să se uite înapoi şi să înveţe obiceiurile strămoşilor lor. Există mulţi bătrâni care sunt pregătiţi să-i înveţe pe cei ce le cer sfaturi despre cum să salveze această planetă şi cum să trăiască cu respect şi compasiune pentru toate creaturile. Ei vorbesc limbi care nu vin din gât, ci direct din inimă şi vă îndemn să învăţaţi cum să le vorbiți și cum să le exprimați din inimă. Dacă cineva merge pe cale, sau urmează drumul bun, asta îi va creşte vibrația și capacitatea de a iubi și de a fi o parte din vindecarea planetei.

A sosit timpul! Suntem cu toții Una, de la Creator la îngeri, la spirite umane, spirite animale, stâncă și piatră, apă și aer. Energia Celui original este în toate lucrurile și toată această energie se întrețese prin fiecare particulă de materie din univers! Acum este timpul să acceptăm că, deși suntem diferiți, suntem la fel. Așa cum culorile, tonurile și stilurile vestimentare diferă în funcție de modă, deși toate sunt tăiate din aceeași țesătură uimitoare și minunată, voi sunteți cu toții rudele mele și sunteți rude unii cu alții!

Există zeci de alte tehnici de vindecare pe care nu le-am descris în această secțiune, pur și simplu pentru a fi succintă. Yoga, Pilates și Tai Chi sunt metode minunate de a conecta corpul, mintea și spiritul. Masajul și celelalte forme de lucru asupra corpului îți vor permite să te eliberezi de tensiune și, de asemenea, să elimini memorie celulară.

Amintește-ți că odată ce ai luat decizia de a-ți trăi viața într-un mod mai conștient, vei oferi îngerilor tăi, sinelui superior și Creatorului oportunitatea de a te conduce spre acele tehnici care ți-ar fi cele mai utile. Repet, totul ține de tine. Ce gândești, asta vei crea!

Viitorul planetei depinde de gândurile tale. Deții o putere mai mare decât crezi. Începând de astăzi, gândeș-te-te doar la lumea pe care vrei să o creezi, plină de iubire, abundență, bucurie și pace!

# Capitolul 16

## TOTUL ESTE ÎN SPAȚII

*Spațiul este particula iluzorie a lui Dumnezeu, este particula pe care o caută toată lumea, iar tu ai acces la ea în fiecare moment din fiecare zi – și în toate spațiile dintre ele!*

Recent, Gerry a primit vizita unei tinere, care a venit la el pentru o ședință privată. Aceasta i-a cerut să mă contacteze, ca s-o ajut să depășească problema pe care o are cu gândurile ei obsesiv-compulsive legate de relațiile cu bărbații. Spunea că gândurile ei par să aibă viață proprie (ca un tren de marfă ce pleacă și merge fără oprire), iar acest fapt se repetă până când simte că mintea îi deraiază și, pur și simplu, înnebunește.

Pe măsură ce am început să-i răspund la comentarii, am întrebat-o dacă a observat cum îi vine un gând, care sare la altul și, apoi, sare înapoi sau la un alt gând nou. Mi-a răspuns că da, dar că gândul obsesiv se întorcea întotdeauna. I-am răspuns că locul de schimbare – locul unde putea să recapete controlul atât al gândurilor, cât și al vieții ei – exista în spațiul dintre gânduri. Acest spațiu este acolo unde ții, efectiv, telecomanda minții tale și iei decizia în privința programului pe care ai de gând să-l urmărești în continuare!

Ai observat vreodată că, uneori, în timp ce te uiți la TV sau derulezi rapid pe computer sau telefon, navighezi între mai multe căi diferite de informații și cauți ceva care să te intereseze? Atunci când găsești lucrul la care vrei să te uiți sau pe care vrei să-l asculți, renunți la căutare pentru o vreme. Chiar dacă ești o persoană care vede două filme deodată la TV, nu poți să te concentrezi decât pe unul dintre ele. Ai putea să crezi că ești capabil să faci mai multe lucruri în același timp, dar există întotdeauna o perioadă de tranziție – o fracțiune de secundă în care iei decizia de a-ți deplasa gândirea de la un element la altul.

Acest spațiu este spațiul care te conectează cu sufletul tău și cu însăși esența a tot ce există! Când ești în spațiul dintre gânduri, ești în esență, în spațiul dintre celule de gândire. Te afli în teritoriul invizibil pe care oamenii de știință l-au studiat și l-au dezbătut zeci de ani. Accesezi substanța care interconectează toate lucrurile – însăși materia care unește toate lucrurile și care atrage particulele între ele pentru a forma substanțe, mai întâi dintr-un gând și, în cele din urmă, ajungând la o materie solidă. Spațiul dintre gânduri este *conectat* la aceeași materie care creează spațiul dintre toate celelalte lucruri, de la cel mai mic atom la vastitatea stelelor din ceruri și întunericul care le înconjoară.

Spațiul dintre gândurile tale este, de fapt, mult mai mare decât ți-ai putea imagina. Reprezintă aproape 90% din materia celulelor de gândire. Mulți dintre voi i-ați auzit, poate, pe oamenii de știință care au estimat că oamenii folosesc doar 10% din creier, dar asta nu este în întregime adevărat. Creierul tău funcționează în mod constant și toate părțile lui lucrează. Doar că te concentrezi pe 10% din ceea ce face creierul, iar restul de 90% este format din energia care ține totul împreună. Aceste spații sunt, în primul rând, făcute din energia magnetică ce uneşte celulele şi face materia să se deplaseze. În esenţă, vreau să spun că spaţiul dintre gânduri le ajută să se formeze şi apoi le pune în mişcare.

Imaginează-ţi în felul următor: atunci când elicele unui ventilator încep să se rotească, ele pun în mişcare particule de energie. Tu nu vezi niciuna dintre aceste particule, care sunt numite *aer*, dar mişcarea ventilatorului împinge aerul în exterior, creând o briză. Simţi, efectiv, particulele de aer, invizibile pentru ochiul tău, care-ţi ating faţa şi îţi mişcă părul sau hainele. Natura face acest lucru într-un mod similar, pune în mişcare grupuri mai mari de particule, iar rezultatul se numeşte vânt. Particulele se mişcă împreună într-o anumită direcţie şi se alătură apoi altor particule şi, astfel, se creează mişcare.

Creierul tău face acelaşi lucru. Urmăreşti un program la TV, iar când apar reclamele, începi să derulezi canalele. Un program îţi captează interesul şi începi să-l urmăreşti. În curând, te concentrezi pe noua poveste, uneori atât de mult încât uiţi că urmăreai prima poveste. Acesta este modul în care funcţionează creierul tău în raport cu gândurile. Te gândeşti la un anumit lucru până când ceva îţi distrage atenţia sau te interesează mai mult şi, ca urmare, gândurile ţi se îndreaptă într-o direcţie diferită. Aşa gândesc majoritatea oamenilor şi există atât de mulţi stimuli externi acum, încât eşti în mod constant bombardat cu informaţii care îţi atrag atenţia.

Problema aici este că atât de mult timp este cheltuit fiind distras de gânduri noi, încât mintea are prea puţin timp pentru a se concentra pe *gânduri constructive*. Se crede că gândirea constructivă îţi permite, de fapt, să accesezi spaţiile dintre celulele de gândire, astfel încât să poţi începe să creezi *energia în mişcare* (*e-motion*, în limba engleză), care va crea gândurile pe care le emiți. Oamenii foarte creativi devin foarte emotivi în legătură cu proiectele lor creatoare, și această emoție pune energia în mișcare în jurul gândurilor și, astfel, le permite să fie create într-un ritm mai rapid.

Vă amintiți despre discuția noastră că materia, care există în spații, este *energia magnetică*, iar pe la începutul cărții am discutat despre *legea rezonanței magnetice*. Când îți surprinzi gândurile între spații sau poți să-ți direcționezi mintea să se gândească *concentrat* – nu cu gânduri *aleatoare* –, atunci îți vei deplasa gândurile de la cele 10 procente ale creierului, la celelalte 90, ceea ce îți va permite să extinzi rezonanța magnetică a gândului tău. Cu alte cuvinte, vei crea un semnal, care va fi pus în mișcare și va fi trimis în univers – unde se va conecta cu gânduri asemănătoare și se va întoarce la tine.

Gândurile tale creatoare acționează ca un bumerang – cu cât pui mai multă energie în ele, cu atât poți să le arunci mai departe și cu atât mai repede se vor întoarce la tine!

Dar dacă ai în continuare probleme în înțelegerea importanței spațiilor pentru gândurile tale, te-aș ruga să citești propoziția următoare: Dacănuarexistaspațiiîntregândurile taleatunciaigândiînpermanențăfărăpauzășinuaiputeasăți-daiseamaundeîncepșiundeseterminăeleșiastaarfifoarteobo-sitor.Poatețiaidaseamadarțiartrebuimultăenergieșiarfifoar-tedificildarimediatce ai permite spațiilor să se manifeste, atunci ar fi ca și cum ai respira, iar acum fiecare cuvânt și fiecare gând devine mai clar și îți sare imediat în față!

Fără spațiile dintre cuvinte și chiar fără punctuația pe care ați dezvoltat-o pentru a vă ajuta să separați cuvintele scrise, capacitatea ta de a citi ar fi pusă cu adevărat la încercare și nu ți-ar permite să citești în modul aproape automat în care o faci.

La fel se întâmplă şi în cazul muzicii. Când te gân-
deşti la muzică, în special la ritm, pauzele conferă muzicii
putere. Dacă muzica nu ar fi nimic decât note aleatoare, fără
nicio pauză, atunci fiecare melodie ar fi constantă şi redun-
dantă. Dar schimbarea melodiei şi a vitezei, prin plasarea
de spaţii între note, precum şi faptul că ele sunt accentuate
sau slabe creează pasiunea şi calitatea uimitoare de vinde-
care a muzicii. Puterea este în spaţiile dintre note. Spaţiile
sunt cele care unesc compoziţia muzicală.

Gerry aplică vindecarea şamanică, folosind ceea ce el
numeşte *tobe şamanice*. Este o metodă foarte puternică şi
îi ajută pe clienţii lui să acceseze o vindecare mult mai pro-
fundă, într-un timp mai scurt. Ritmul este foarte stabil – o
anumită notă este bătută de aproximativ două sau trei ori pe
secundă. Oamenii de ştiinţă au constatat că o bătaie de tobă
constantă de acest tip creează o stare de transă în care un-
dele cerebrale se modifică într-o stare superioară de conşti-
inţă şi toate cele patru cadrane ale creierului funcţionează la
unison. Gerry a crezut întotdeauna că tobele creează această
stare, dar, de fapt, este vorba despre spaţiile dintre bătăi care
se conectează cu spaţiile dintre gândurile persoanei. Bătăile
provoacă dilatarea spaţiului dintre gânduri, ceea ce îi per-
mite persoanei să meargă în acel spaţiu sacru unde poate să
crească, să înveţe şi să vindece.

Ai putea, de asemenea, să vezi spaţiile precum golu-
rile dintr-o bucată de ţesătură. Deşi materialul pare solid,
de fapt, fibrele care sunt ţesute în jurul spaţiilor îi conferă
capacitatea de a fi puternică şi totuşi, flexibilă. Când te gân-
deşti la o haină de iarnă, spaţiile din material şi dintre pene
sunt cele care vă protejează, de fapt, de frig şi creează căl-
dura. Spaţiile transmută energia elementelor naturii.

Deci, putem vedea că există spaţii puternice în multe lucruri din natură. Aş putea scrie multe pagini despre fenomenele naturale care sunt cauzate de spaţiile dintre materie. Dar ce legătură are asta cu tânăra care a venit la Gerry pentru a o ajuta cu problema ei şi la ce vă foloseşte?

Încetinirea gândirii şi direcţionarea gândurilor vă oferă posibilitatea de a modifica gândurile obsesive. Ai gânduri obsesive deoarece creierul tău şi-a redus structura celulară a gândurilor şi ai mai puţine spaţii între gânduri. Spaţiul este încă acolo, dar pare să nu fie, întrucât este umplut cu gândurile cărora încerci să li te opui. Aceste gânduri obsesive, cărora le acorzi cea mai mare atenţie, determină creierul să le dea mai multă putere, iar ele, prin urmare, se amplifică şi se repetă mai des, umplând spaţiile. Cu alte cuvinte, rezonanţa ta magnetică atrage aceleaşi gânduri sau amintiri – ce seamănă cu gânduri din trecut sau cu experienţe noi – care vor consolida modul vechi de gândire. Uneori, medicaţia determină creierul să scurtcircuiteze acest proces, ceea ce îţi permite să produci mai mult spaţiu între celule, iar acest lucru duce la o stare de relaxare, mai puţin obsesivă. Pentru alţii, aceleaşi rezultate pot fi obţinute prin meditaţie.

Sper că începi să vezi că tot ce am discutat în capitolele anterioare a fost conceput pentru a duce la acest capitol şi la o înţelegere clară a importanţei de a recunoaşte că tu îţi creezi realitatea şi că trebuie *să creezi mai mult spaţiu*. Acesta este motivul pentru care oamenii se simt, de obicei, mai relaxaţi atunci când se duc la munte sau pe malul mării. Cu cât spaţiile sunt mai deschise, cu atât mai deschise pot fi şi gândurile voastre. Dar, poţi la fel de uşor, să creezi spaţiu deschis în gândurile tale prin practicarea unora dintre tehnicile pe care le-am discutat pe parcursul cărţii.

Reţineţi, dragii mei, că, atunci când gândiţi cu recunoştinţă, extindeţi spaţiile dintre gânduri, deoarece vă concentraţi asupra a ceea ce este bun în viaţa voastră, iar recunoştinţa este o energie expansivă.

Când îţi surprinzi gândurile negative, dacă le recunoşti şi le laşi să treacă, înlocuindu-le cu gânduri pozitive (de încredere) şi amintiri plăcute din trecut, poţi să le schimbi şi să creezi altele noi, extinzând, astfel, spaţiile.

Când meditezi, te rogi, faci Reiki sau EFT, când îţi stimulezi simţurile cu masaj sau aromoterapie, dans, râs şi exprimi iubire, extinzi energia spaţiilor din interiorul tău. Iar atunci, când pui Întrebările potrivite, extinzi efectiv spaţiile, dându-le puterea necesară pentru a-şi mări capacitatea magnetică, pentru a-ţi aduce o energie expansivă, necompetitivă, simplă şi puternică în spaţiul tău energetic. Toate aceste lucruri te vor ajuta să-ţi extinzi spaţiul interior.

Spaţiul nu este doar ceva ce vezi pe cer. Este ceva care există în tine şi în jurul tău şi este o parte din tot. Spaţiul este particula iluzorie a lui Dumnezeu pe care o caută toată lumea şi ai acces la ea în fiecare moment al fiecărei zile – şi în toate spaţiile dintre ele!

# POSTFAȚĂ

Atunci când încerci să creezi o carte care este menită să ajute omenirea ca să-şi reimagineze tot ce a cunoscut vreodată despre viață, se ivesc multe întrebări.

Această carte nu a fost concepută ca un text atotcuprinzător despre modul cel mai bun pentru a naviga în următorii ani. Ea intenționează doar să dea startul, ca să spunem aşa.

În ultimii ani s-au scris cărți minunate despre puterea intenției şi Legea Atracției. Problema e că mulți dintre cei care au citit aceste cărți nu au fost în măsură să avanseze cu conceptele, întrucât ei continuă să se vadă ca ființe limitate şi se îndoiesc de veridicitatea sfaturilor, pentru că vin de la un om ca şi ei. Noi sperăm că, prin implicarea unui înger într-un dialog direct cu oamenii, putem continua această conversație şi, astfel, să putem să vă oferim sprijin, îndrumare şi, desigur, iubire!

Ceea ce trebuie să înțelegeți este că îngerilor le-a fost încredințată de către Creator sarcina de a vă oferi asistență *numai la cerere.*

Aşa cum am menționat mai devreme, citind această carte, creezi, în esență, o cerere de ajutor, care, apoi, ne permite să amplificăm energia din viețile voastre, astfel încât să puteți experimenta mai bine acele lucruri care vă vor ajuta să vă ridicați vibrația. Făcând acest lucru, amplificați energia planetei. Ai putea crede că e exagerat, dar gândeşte-te pentru un moment la următoarele: imaginează-ţi că radioul sau televizorul din casa ta sunt deschise, iar volumul este amplificat la potenţialul său maxim. Asta ar produce un mesaj puternic, care s-ar transmite de la casa sau apartamentul tău. Acum, imaginează-ţi că ceilalţi din cartier ar auzi ce transmiţi şi alte zece persoane s-ar uita sau ar auzi acelaşi post, la acelaşi volum. Acum, cartierul tău ar fi plin de acest program. Alţii, care ar auzi doar vag, ar deveni curioşi şi vor da şi ei pe acelaşi post, astfel încât să poată auzi mai bine şi, în curând, un grup suficient de mare ar asculta acelaşi lucru şi ar deveni o tendinţă sau un hit sau o mişcare.

Pentru a cita una dintre expresiile mele preferate, pe care o aud adesea la oameni: „Nu trebuie să fii geniu ca să înţelegi!" Este ceva ce pare atât de simplu, dar sunteţi foarte obişnuiţi să vă complicaţi vieţile în nenumărate moduri.

În trecut, exista un proverb: „Tot ce ştiu despre viaţă am învăţat la grădiniţă." Ideea e că îi învăţaţi pe cei mici lucruri cum ar fi să împartă cu ceilalţi, să se joace frumos, să nu-şi bată joc unul de celălalt şi despre diferenţele dintre voi, iar dacă aţi respecta în continuare aceste adevăruri simple, vieţile voastre ar fi mult mai uşoare.

Am venit să vă aduc câteva concepte complexe, care au la rădăcina lor un adevăr foarte simplu – este posibil ca toţi să trăim ca Unul. Pacea este posibilă, sănătatea este posibilă, iubirea globală este posibilă, sfârşitul sărăciei este posibil, vindecarea planetei este posibilă, iar descoperirea faptului că *toţi* suntem fiii şi fiicele Creatorului este posibilă. Şi totul începe prin a reveni la unele gânduri foarte simple – aceleaşi care sunt învăţate de cei mici – şi de a recunoaşte că *gândurile voastre creează totul.*

Acesta este doar începutul conversaţiei noastre. L-am rugat pe Gerry să-mi ofere în continuare posibilitatea de a vorbi cu voi, prin intermediul blogului pe care îl veţi găsi pe www.gerrygavin.com. Acolo veţi găsi, de asemenea, linkul către pagina de Facebook, pe care puteţi să postaţi orice întrebare. De asemenea, l-am rugat pe Gerry să organizeze întâlniri publice şi pe web, unde să puteţi pune în continuare întrebări de interes personal şi global, astfel încât să puteţi simţi profunzimea acestor adevăruri în inima şi în sufletul vostru. Aveţi posibilitatea, de asemenea, să găsiţi informaţii despre toate tehnicile de ridicare a vibraţiei pe care le-am discutat în capitolele anterioare, precum şi persoanele care lucrează îndeaproape cu Gerry în acest demers.

Aştept cu nerăbdare să-i întâlnesc pe toţi cei care citesc aceste cuvinte, să vorbesc în continuare cu voi prin intermediul lui Gerry şi să aud bucuriile şi preocupările voastre. De asemenea, sper că veţi încerca să-i cunoaşteţi şi să comunicaţi cu proprii voştri îngeri, care ar fi încântaţi să creeze o comunicare mai profundă cu voi.

***Nu uitaţi: gândiţi-vă la lumea pe care doriţi să o creaţi, pentru că exact asta veţi crea!***

Mergeţi în pace!

Întreaga mea iubire,
*Margareta*

# MULȚUMIRI

Î n spatele fiecărei cărți există o mulțime de oameni
care contribuie la a o transpune în realitate. Ei pot
fi direct implicați în crearea cărții – sau pot fi oamenii care
au oferit dragostea, îngrijirea și sprijinul care să-i permită
autorului să-și urmărească acest țel. Există atât de mulți oa-
meni cărora aș dori să le mulțumesc încât sunt sigur că o să
uit pe cineva. Dar asta e...

Ți-am dedicat deja această carte ție și îți mulțumesc,
Gail, pentru că mi-ai purtat pașii către toți oamenii, locurile,
lucrurile și ideile care, direct sau indirect, au creat cine sunt
eu astăzi. Mulți spun că în spatele fiecărui bărbat de succes
este o femeie puternică, iar în cazul meu, în mod clar, este
vorba de tine. Toate succesele mele sunt și ale tale. Tu con-
tinui să mă influențezi în fiecare zi – și mă bucur de fiecare
zi, doar pentru a vedea cu ce mă mai surprinzi!

Dar, înainte de a o întâlni pe Gail, au existat alte două
femei în viața mea și, deși ar putea spune că eu le-am cres-
cut, de fapt, ele au crescut împreună cu mine. Un tată nu
ar putea fi mai norocos decât să aibă două fiice cum sunt
Tiffany și Melissa. Ați trecut prin momente foarte grele, dar
ați ajuns femei, soții și mame cu inimi minunate, cu simțul
umorului și cu caracter, iar eu sunt atât de mândru că sunt
tatăl vostru. Știu că îngerii veghează asupra voastră și a mi-

nunaţilor mei nepoţi, Ian, Ryan şi Kyla, care oferă atât de multă dragoste lumii şi inimii mele. Vă iubesc pe toţi atât de mult! Pentru John Greene şi David Medina – e greu pentru un tată să vadă cum apare un nou bărbat în viaţa fiicei lui, dar ştiu că voi doi veţi fi mereu acolo pentru a le oferi dragoste şi sprijin. Pentru asta, vă iubesc şi vă încredinţez o familie minunată.

Pentru mama şi tatăl meu, Julie şi Tom Gavin – aţi trecut dincolo, dar ştiu că mă sprijiniţi din ceruri, la fel cum m-aţi sprijinit în viaţă. Aţi fost cei mai minunaţi părinţi şi, împreună cu Tom şi George, vă mulţumesc pentru viaţa pe care ne-aţi oferit-o, precum şi pentru inspiraţia şi curajul pe care mi le-aţi insuflat, care au condus la scrierea acestei cărţi.

Pentru fraţii mei menţionaţi anterior – amândoi m-aţi învăţat atât de mult despre viaţă. Când mă uit la cele mai multe dintre calităţile mele, pot vedea, în mod clar, că le-am învăţat de la fraţii mei mai mari. Vă iubesc pe amândoi şi extind această iubire şi fratelui meu, Jim. Te-ai alăturat familiei noastre mai târziu, dar ne-ai adus atât de multă iubire şi bucurie încât parcă ai fost cu noi de la început. Mulţumesc, băieţi!

Cumnatei mele, Judi Gavin, care ne-a părăsit prea repede, nu vom uita niciodată dragostea pe care ai adus-o în viaţa fratelui meu Tom şi nouă. Ai fost o persoană specială şi ne e foarte dor de tine! Pentru nepoata mea April-Anne, întotdeauna m-ai făcut să mă simt ca un erou şi ai făcut din numele Unchiul G-Rod ceva care mă va face mereu să zâmbesc!

Pe parcurs, am fost destul de norocos să fiu adoptat într-o altă familie, care m-a făcut să mă simt atât de binevenit în casa lor. Aşadar, pentru fiicele mele „adoptate", Amanda şi Courtney, şi nepoţii, Max şi Sarah, vă mulţumesc foarte mult pentru că mă faceţi să mă simt atât de special şi pentru că sunteţi alături de mine! Vă mulţumesc că mă invitaţi la antrenamentul pentru majorete, la petrecerile tematice şi îmi împărtăşiţi lucrările voastre scrise. Vinny Emmolo, cel mai nou membru al tribului, îţi mulţumesc că îmi cedezi telecomanda pentru cel puţin un joc de fotbal pe sezon şi pentru că faci întotdeauna glume amuzante.

Şi, în timp ce le mulţumesc membrilor familiei adoptive, există doi membri care au adus o bucurie uimitoare în viaţa mea.

David Anderson, nu mai e nimeni ca tine în lume. Doar îţi spun numele şi zâmbesc. Eşti luminos, amuzant, iubitor, atent şi un artist uimitor. Pentru mine eşti ca un înger care de-abia aşteaptă să iasă din cocon. Îţi mulţumesc pentru tot ce faci şi tot ce eşti. Şi pentru Dot Yurkiewicz – adolescenta cowboy care a devenit o mamă prea protectoare şi bunică – te-am iubit ca şi cum ai fi fost sânge din sângele meu. Îţi mulţumesc că eşti suporterul şi prietenul meu, cât şi a doua mea mamă. Raiul a devenit puţin mai distractiv în ziua când Dot Cole a trecut de porţi.

Ted Kozick, întotdeauna m-ai îndemnat să fac acest lucru şi ai crezut în mine, cu mult timp înainte de a crede eu însumi în mine. De când ai trecut în lumea de dincolo, prea multe lucruri uimitoare s-au întâmplat ca să nu cred că tragi câteva sfori în sprijinul nostru, al tuturor. Tu ne-ai învăţat că iubirea e tot ce ne trebuie. Mulţumirile mele se îndreaptă spre tine şi Pat, soţia ta minunată. Sunt onorat că m-ai numit frate. Şi sunt la fel de onorat să am o soră ca Doris O'Donnell, care aduce un plus de bucurie la fiecare reuniune de familie. Ţie şi soţului tău, Tom, vă plac conversaţiile interesante. Sper ca această carte să vă facă mândri şi să stea la baza multora dintre aceste conversaţii.

Îi mulţumesc în special lui Barry şi Yurkiewicz Jean de la Barul J Café, furnizorii oficiali de hrană pentru *Mesaje de la Margareta*. Talentul vostru uimitor de bucătari, precum şi umorul vostru minunat mi-au dat hrană atât pentru trup, cât şi pentru suflet. Sunt norocos să vă am ca familie, prieteni şi vecini.

Pentru profesorii mei care m-au încurajat pe parcurs, mi-au oferit inspiraţie şi cunoştinţe în multe forme – Lanee McLaughlin, Albina Godlewski, Joanne Rossi, Susan Ruth, Black Elk, Michael Harner, Sandra Ingerman, James Redfield, Neale Donald Walsch şi Ted Andrews. În ultimul timp am fost extrem de inspirat de munca lui Jeffrey Howard şi a Christinei Kloser, care au creat două programe de pregătire spirituală, având drept scop schimbarea de mentalitate în modul în care oamenii fac afaceri şi, în cele din urmă, în care schimbă lumea. Am ajuns la voi exact la momentul oportun şi sper că-i voi putea aduce pe şi mai mulţi la voi.

Mulţumirile mele umile se duc spre ghizii mei spirituali foarte răbdători, Margareta, Pană Albă şi Metume, care m-au călăuzit prin cele mai uimitoare experienţe. Niciodată nu mi-aş fi închipuit că viaţa mea poate lua acest curs minunat şi mistic.

Le dedic cartea şi prietenilor mei care au sprijinit acest demers, în orice mod posibil, îngerii oficiali ai lui Gerry: Tara Arnold, Michelle Ruhmann, Chris Olsen, Grace Anastacio, Patricia DeFazio, Grace Poli, Doreen Messina, Kathy Wager şi un „mulţumesc!" foarte special lui Preston „PJ" Bergen şi Don Burkett. Această carte nu ar fi fost posibilă fără sprijinul vostru.

Îi mulţumesc editoarei mele, Megan Finnegan, care a corectat, cu răbdare, exprimarea mea şi a ajutat ca aceste cuvinte primite prin *channelling* să curgă mai lin – deşi mai erau doar câteva zile până la nunta ei! Lesley Siegel, mulțumirile mele pentru design-ul minunat al site-ului meu și pentru tot ajutorul tău în tot ce ține de lumea digitală – și nu numai. Și mulțumiri speciale fiicei mele, Tiff, care ar putea fi editor de carte și care a realizat editarea post-producție cu ochi de vultur.

Îi mulțumesc celei care a promovat cartea, Magdalena Burnham, și unei persoane foarte speciale, publicista Jill Mangino, care m-a condus spre Balboa Press și m-a inspirat să răspândesc cuvântul. Și asistentei sale, Ginger Price, pentru efortul de a stabili interviuri radio și de presă și pentru că a fost întotdeauna atât de pozitivă! Sandy Powell, de la Balboa Press, vă mulțumesc pentru tot ajutorul, îndrumarea, încurajarea și entuziasmul vostru.

Karen Noe, colega mea de la Balboa, care a ajuns autor la Hay House, îți mulțumesc pentru tot sprijinul acordat și entuziasmul de a împărtăși această experiență cu mine. Siobhan Hutchinson, îți mulțumesc pentru că ne-ai făcut cunoscuți, pe mine și pe Margareta, multor oameni noi și îți mulțumesc pentru încrederea și sprijinul tău!

Pentru șoferii de dimineața devreme și noaptea târziu de pe autobuzele liniei Academy, care au făcut drumul suficient de lin încât cea mai mare parte din această carte, precum și corecturile, să fie făcute, de fapt, în timpul călătoriei.

Le trimit cele mai calde mulțumiri lui Ariel și Shya Kane, care au adus mii de oameni și cupluri pentru a fi aici, în acest moment, și care au realizat momentul radio care a adus-o pe Margareta în atenția editurii Hay House. Și, mulțumiri speciale Alexandrei Gruebler, îngerul nostru Hay House din Londra, care a luat cartea sub aripa ei și care, cu ajutorul lui Marion Bardou și al Monicăi Meehan, răspândește cuvintele Margaretei în întreaga lume.

Şi, desigur, îi mulţumesc întregii echipe de la Hay House: Louise Hay, autoarea primei cărţi de dezvoltare personală pe care am citit-o şi care a avut viziunea de a crea o astfel de editură transformatoare; Reid Tracy, ale cărui talente de conducător au dus această viziune la nivel internaţional, demonstrând că *poţi* avea o corporaţie de succes bazată pe integritate; şi tuturor celorlalţi oameni minunaţi care au adus această carte pe piaţă în timp record: Margarete Nielsen, liantul care uneşte toate părţile complexe ale acestei minunate companii; Shannon Littrell şi Patrick Gabrysiak, pentru că au făcut cartea bine şi procesul editorial organizat, şi totuşi distractiv; Christy Salinas pentru îndrumările creatoare şi Tricia Breidenthal pentru copertă şi interior; minunata echipă de marketing şi web de la Hay House: Gail Gonzales, Heather Tate, Darcy Duval, Donna Abate, Dani Riehl, Wioleta Gramek, Melissa Brinkerhoff, Muni Syed şi Diane Ray; publicistul Erin Dupree; directorul de vânzări John Thompson şi directorul naţional Arron Alexis pentru distribuirea cărţii; şi Shannon Baum, Stacey Smith şi C.J. Juarez, pentru că m-au ajutat în munca mea de autor.

Sper că mi-am amintit de toată lumea! Mulţumirile mele sincere merg către voi toţi!

# DESPRE AUTOR

De peste 20 de ani, Gerry Gavin lucrează ca specialist în comunicare și dezvoltare personală, ajutându-i pe oameni să-și atingă potențialul maxim, învățându-i să-și asculte corpul, mintea și spiritul. El face acest lucru printr-o combinație de tehnici alternative noi și practici șamanice vechi.

Susține seminarii, conferințe, este instructor, medium, practicant al medicinii energetice și creatorul seminarului de succes *Angels and Shamans [Îngeri și șamani]*, care îi pune pe participanți într-o comunicare directă cu îngerii și ghizii lor.

Gerry trăiește la o fermă de cai din New Jersey cu Gail, David, cu câinii lor ciobănești australieni, Wyatt și Annie, și cu alte aproape 30 de animale minunate.

Pentru mai multe informații despre cursuri, seminarii, ședințe particulare cu Margareta, servicii șamanice și evenimente, vizitați: www.gerrygavin.com.

# CUPRINS

# CĂRȚI PUBLICATE
# DE EDITURA FOR YOU

**Monica Vișan**

Metodă rapidă de învățare a gramaticii limbii engleze
Exerciții de gramatică engleză vol I
Exerciții de gramatică engleză vol. II
VERBUL...........................................toate trei costă 50,00 lei

**Neale Donald Walsch**

Conversații cu Dumnezeu,
volumul I, II, III ..................................................... 47,00 lei
Dumnezeu și minunile din viața noastră ............ 15,00 lei
Acasă cu Dumnezeu ............................................. 20,00 lei
Ce vrea Dumnezeu ............................................... 18,00 lei
Când totul se schimbă, schimbă totul ................ 25,00 lei
Mai fericit decât Dumnezeu ............................... 18,00 lei

**Paul Ferrini**

Iubire fără condiții,
Reflecții ale Minții Christice ............................... 15,00 lei
Reflecții ale Minții Christice, partea a II-a ......... 12,00 lei
Miracolul iubirii,
Reflecții ale Minții Christice, partea a IV-a ....... 10,00 lei
Cuvinte de înțelepciune pentru fiecare zi ........... 15,00 lei
Amour sans conditions (lb. franceză) ................. 15,00 lei
Iubirea este Evanghelia mea ................................. 8,00 lei
Cum să creăm o relație spirituală ....................... 10,00 lei
Christul cel viu ..................................................... 15,00 lei
Vindecă-ți viața ................................................... 23,00 lei

**Debbie Ford**

Partea întunecată a căutătorilor de Lumină ........ 12,00 lei

Secretul umbrei ................................................... 12,00 lei
De ce oamenii buni fac lucruri rele .................. 20,00 lei
Curaj ..................................................................... 18 lei

**John J. Falone**

Frecvenţa Geniu,
instrucţiuni de accesare a Minţii Cosmice ......... 30,00 lei

\*\*\*

ET 101. Manual cosmic cu instrucţiuni pentru
evoluţie planetară ............................................... 5,00 lei

**Suzanne Ward**

Matei, vorbeşte-mi despre Rai ........................... 12,00 lei

**Jasmuheen**

Biocâmpuri şi extaz ............................................ 18,00 lei
Radianţa Divină .................................................. 18,00 lei
Programul pranic ................................................ 20,00 lei
Regina Matricei .................................................. 18,00 lei
Calea celui care se hrăneşte cu Lumină ............. 18,00 lei
Căile păcii şi Să fim esenţă ................................ 20,00 lei

**Ken Keyes şi Penny Keyes**

Reţete pentru fericire .......................................... 5,00 lei

**Russ Michael**

Sufletul pereche te cheamă ................................ 15,00 lei

**Deepak Chopra**

Întinereşte şi trăieşte mai mult ......................... 20,00 lei
Viaţă după moarte .............................................. 18,00 lei
Cartea secretelor ................................................ 25,00 lei
Putere, libertate şi graţie Divină ....................... 15,00 lei

**Shirley MacLaine**

Camino ................................................................ 15,00 lei

## Lee Carroll şi Jan Tober

Drumul spre Acasă ................................................ 25,00 lei
Copiii Indigo după zece ani ............................... 25.00 lei
Kyron - cele douăsprezece straturi ale ADN-ului 30.00 lei

## James F. Twyman

Emisarii luminii ...................................................... 9,00 lei
Emisarii iubirii ....................................................... 7,00 lei

## Bruce Davis

Mânăstire fără ziduri .............................................. 7,50 lei

## Dr. Doreen Virtue

Magia Divină ......................................................... 10,00 lei
Miracolele Arhanghelului Mihail ....................... 20,00 lei
Îngerii sunt cu noi ................................................ 25,00 lei
Copiii de cristal..................................................... 10,00 lei

## Sri Vasudeva

Voi sunteţi Lumina .............................................. 10,00 lei
Divinitatea lăuntrică ............................................ 10,00 lei

## Sotirios Crotos

Ucenicul lui Iisus Hristos ................................... 15,00 lei

## Anthony de Mello

Conştienţa ............................................................. 15,00 lei

## Geoffrey Hoppe

Tobias. Seria Înălţării .......................................... 22,00 lei
Tobias. Seria Clarităţii ......................................... 30,00 lei

## Stuart Wilde

Forţa ...................................................................... 10,00 lei
Certitudini. Imboldul ........................................... 18,00 lei
Arta mântuirii ....................................................... 15,00 lei

## Carlos Warter

Reîntoarcerea la sacru ........................................ 10,00 lei

**Gregg Braden**

Codul lui Dumnezeu ......................................... 18,00 lei
Matricea Divină .............................................. 23,00 lei
Vindecarea spontană a credinţei ........................ 27,00 lei
Timpul fractal ................................................. 26,00 lei
Adevăr profund .............................................. 28,00 lei
Punctul de cotitură .......................................... 28.00 lei

**Brian Tracy**

Succesul în viaţă .............................................. 35,00 lei

**Lisette Larkins**

De vorbă cu extratereştrii ................................. 18,00 lei

**Dr. Max Gerson**

O terapie naturală eficientă pentru tratarea cancerului
şi a altor boli grave (cu DVD inclus) ................. 31,00 lei

**Sorin Telimbeci**

Călătoriile tânărului înţelept ............................ 15.00 lei

**Drunvalo Melchizedek**

Spaţiul sacru al inimii ....................................... 15,00 lei
Uroborosul mayaş ........................................... 25,00 lei

**Joan Borysenko**

Vina ne învaţă, iubirea ne vindecă ................... 18,00 lei
Nu e sfârşitul lumii .......................................... 10, 00 lei
Busola sufletului ............................................. 25,00 lei
Epuizare totală ............................................... 18,00 lei

**Robert Rabbin**

Pune suflet în ceea ce faci ............................... 12,00 lei

**Tristan**

Clepsidra cu paşi ............................................. 19,00 lei

**Steve Rother**

Bun venit acasă. Noua planetă Pământ .............. 18,00 lei

**Eric Pearl**

Reconectarea ..................................................... 25,00 lei

**Gloria Wendroff**

Scrisori din cer ................................................. 13,00 lei

**Maureen Moss**

BLISS ................................................................ 12,00 lei

**John Perkins**

Schimbarea de forme ....................................... 12,00 lei

**Dawn Baumann Brunke**

Vocile animalelor .............................................. 28,00 lei

**Evelyn Fuqua**

De la Sirius, la Pământ ....................................... 18,00 lei

**Augusto Cury**

Părinţi străluciţi, profesori fascinanţi ................. 18,00 lei
Copii străluciţi, elevi fascinanţi ......................... 18,00 lei
Minţi sclipitoare, minţi antrenate ...................... 15,00 lei
Maria, cea mai strălucită educatoare din istorie . 25,00 lei
Codul inteligenţei ............................................. 20,00 lei
Femei inteligente, relaţii sănătoase ................... 18,00 lei
Eliberează-te din temniţa emoţională ................. 18,00 lei
Fascinanta construcţie a eu-lui .......................... 15.00 lei

**Daniel Meurois - Anne Givaudan**

Când nimeni nu te vrea ..................................... 12,00 lei
Fraţii noştri necuvântători ................................. 18,00 lei

**Brian Weiss**

Acelaşi suflet, multe trupuri .............................. 18,00 lei

Multe vieţi, mulţi maeştri ................................. 15,00 lei
Se întâmplă miracole ........................................... 30.00 lei
Prin timp, spre vindecare ................................. 25.00 lei
Dacă dragoste nu e, nimic nu e ......................... 15,00 lei
**Eugen Herrigel**
ZEN în arta de a trage cu arcul ........................... 7,00 lei
**Ron Baker**
O lume în curs de vindecare ............................. 15,00 lei
**Carrie Hart**
Quado ne vorbeşte ............................................. 28,00 lei
**Caroline Myss**
De ce nu ne vindecăm şi cum putem să o facem? 24,00 lei
Sfidează gravitaţia ............................................ 20,00 lei
Arhetipuri ......................................................... 28,00 lei
Acţiuni imperceptibile, dătătoare de putere ....... 24,00 lei
**P.M.H. Atwater, LH.D.**
Copiii cei noi şi experienţele din preajma morţii 28,00 lei
**Wolfgang Wallner F.**
Elihu .................................................................. 15,00 lei
**Jim Tucker**
Viaţa înainte de viaţă ......................................... 15,00 lei
**Paul Elder**
Ochii unui înger ................................................. 18,00 lei
**Gay Hendricks, Debbie DeVoe**
Puterea unui singur gând ................................... 10,00 lei
**Dr. Bruce D. Schneider**
Relaxează-te, eşti deja perfect ........................... 18, 00 lei
**Jon Whale Ph.D.**

Dezvăluirea spiritului. Odiseea supranaturală .. 25, 00 lei

**Robert Monroe**

Călătorii în afara corpului ................................... 27,00 lei
Călătoria supremă ............................................. 25.00 lei
Călătorii îndepărtate ......................................... 25,00 lei

**Michio Kushi / Stephen Blauer**

Calea macrobiotică ............................................ 23,00 lei

**James Van Praagh**

Rai şi Pământ ................................................... 18,00 lei

**Timothy Willie**

Delfini, ET şi îngeri ..................:....................... 12.00 lei

**Alberto Villoldo**

Cele patru introspecţii ....................................... 18,00 lei
Vise curajoase ................................................ 25,00 lei
Iniţiere şi Iluminare ......................................... 22,00 lei

**Kenny Werner**

Măiestrie fără efort .......................................... 17,00 lei

**Robert Schwartz**

Suflete curajoase ............................................. 22,00 lei

**William Gammill**

Reuniunea ..................................................... 15,00 lei

**Leo Angart**

Să ne îmbunătăţim vederea, în mod natural ....... 20,00 lei

**Carl Johan Calleman**

Calendarul Mayaş ............................................. 30,00 lei

**Gay Hendricks**

Cele cinci dorinţe ............................................ 10,00 lei

**Bruce Lipton**

Biologia credinţei ................................................ 30,00 lei

Efectul de Lună de Miere .................................... 20,00 lei

**Don Piper şi Cecil Murphey**

Slava de fiecare zi ............................................. 18,00 lei

**Richard Wiseman**

Quirkologia - Ştiinţa bizarului .......................... 20,00 lei

**Gabriel Cousens şi David Wagner**

Energia tahionică ............................................... 15,00 lei

**Victor Sanchez**

Toltecii noului mileniu ...................................... 18,00 lei

**Meg Blackburn Losey**

Copiii de Acum .................................................. 20,00 lei

**Mary Lynch Barbera**

Terapia axată pe comportamentele verbale ......... 20,00 lei

**Evelyn Elsaesser Valarino**

De vorbă cu Angel ............................................. 15,00 lei

**Robert M. Williams**

PSYCH-K Partea/Pacea ce lipseşte din viaţa ta! 12,00 lei

**Sonia Choquette**

Lecţiile şi scopul sufletului ............................... 25,00 lei

**Barbara Hand Clow**

Codul înţelepciunii mayaşe ................................ 30,00 lei

Alchimia celor nouă dimensiuni ........................ 32,00 lei

**Marco Pogačnic**

Spiritele naturii şi fiinţele elementale ................ 15,00 lei

**Frances Fox**

Secretele matricei .............................................. 15,00 lei
**Stuart Wilson & Joanna Prentis**
Esenienii, Copiii Luminii .................................... 28,00 lei
**Darren Weissman**
Puterea iubirii şi recunoştinţei infinite .............. 25,00 lei
Activarea codului secret al minţii noastre .......... 25,00 lei
**Sandra Ingerman**
Leac pentru Pământ ............................................ 28,00 lei
**Ervin Laszlo**
CosMos - ghidul unui co-creator al întregii lumi 20,00 lei
**Elena Anghel**
Psihologia educaţiei pe tot parcursul vieţii ........ 40,00 lei
**Byron Katie**
Cine ai fi tu, fără povestea ta ............................. 25,00 lei
Pune-ţi gândirea sub semnul întrebării .............. 15,00 lei
**Barbara Wren**
Trezirea celulară ................................................ 20,00 lei
**Letiţia Cosma**
Ghid practic pentru schimbarea stilului de viaţă  10,00 lei
**Liviu Predescu**
Cu autismul la psiholog ...................................... 25,00 lei
**Elizabeth Burton Scott**
Miracolul vindecării copilului meu .................... 25,00 lei
**Ceryl Canfield**
Vindecare profundă ............................................ 25,00 lei
**John Michell**
Dimensiunile Paradisului .................................... 25,00 lei
**Richard Heath**

Matricea creației ................................................ 15,00 lei

**Sandra Anne Taylor**

Puterea tainică a vieților tale trecute ................. 20,00 lei
Adevăr, triumf și transformare ......................... 25,00 lei

**Miroslav Radman**

Dincolo de limitele noastre biologice ............... 15,00 lei

**Sylvia Browne**

Călătorul mistic ................................................ 20,00 lei

**H. Ronald Hulnick și Mary Hulnick**

Prin ochii sufletului tău ................................... 20,00 lei

**Leonard Laskow**

Iubire tămăduitoare ......................................... 23,00 lei

**Frank Kinslow**

Secretul vindecării spontane ........................... 15,00 lei
Secretul trăirii cuantice .................................. 22,00 lei
Eusentimentul ................................................. 20,00 lei

**Robert Leahy**

Învinge depresia, înainte ca ea să te învingă ...... 28,00 lei

**Elena Cociș și Erik Berglund**

Templul schimbării ......................................... 25,00 lei

**Iudit Pelea**

El CAMINO, pelerinaj către sine ..................... 20,00 lei

**Cătălin Manea**

Totul din Întreg .............................................. 18,00 lei
Întoarcerea la Liniște....................................... 20,00 lei

**Alan Cohen**

O porție zilnică de înțelepciune ....................... 45,00 lei

**David Perlmutter și Alberto Villoldo**
Neuroștiința iluminării ........................................ 25,00 lei

**Terry și Linda Jamison**
Inteligența extrasezorială .................................. 25,00 lei

**Gabrielle Bernstein**
Dependent de spirit .......................................... 20,00 lei
Se pot produce miracole.................................... 25,00 lei

**Victor**
Viața îi dăunează grav sănătății.......................... 20,00 lei

**Eldon Taylor**
Programarea mentală ....................................... 32,00 lei
Ce-ar fi dacă...? .............................................. 25,00 lei
Alegeri și iluzii................................................ 25,00 lei
Cred. Când ceea ce crezi, contează!.................... 25,00 lei
Ce înseamnă asta?............................................ 25,00 lei

**Mona Lisa Schulz**
Sfetnicul tainic .............................................. 30,00 lei

**Reiner și Regina Franke**
Scapă de griji, în câteva minute ........................ 20,00 lei

**Daniel J. Siegel și Tina Payne Bryson**
Creierul copilului meu ..................................... 18,00 lei

**David R. Hawkins**
Dizolvarea egoului .......................................... 15,00 lei
Realitatea, spiritualitatea și omul modern........... 35,00 lei

**Bjorn Aris**
Calea japoneză a sabiei..................................... 12,00 lei

**Ken Page și Nancy Nester**
Stai! Privește! Ascultă! ................................... 18,00 lei

**Irina Binder**
Fluturi vol. I + vol. II .......................................... 45,00 lei
**David Thomas**
Să intrăm pe frecvenţa Universului..................... 15,00 lei
**Mary O'Malley**
Compulsiunile: prieteni sau duşmani?............... 30,00 lei

**Kosta Danaos**
Nei Kung.............................................................. 20,00 lei

**Jorge Luis Delgado cu MaryAnn Male**
Trezirea andină..................................................... 20,00 lei

**Kate Mackinnon**
Din inima şi mâinile mele ..................................... 20,00lei

**Karin Tag**
Secretul bibliotecii de cristal atlante................... 25,00 lei

**Daniel Mitel**
Acum, aici este tot ceea ce avem ........................ 15,00 lei
Imageria inimii...................................................... 25,00 lei

**Doina Postolachi**
Scrisul, între vindecare şi destin ......................... 20,00 lei

**Marianne Williamson**
Legea compensaţiei divine.................................... 20,00 lei

**Jack Canfield şi Pamela Bruner**
Tehnica de vindecare prin tapping, pentru atingerea
succesului suprem (carte + DVD)........................ 40,00 lei

**Ed Bacon**
Cele opt deprinderi ale iubirii ............................. 25,00 lei
**Atasha Fyfe**
Magia vieţilor trecute........................................... 30,00 lei

**Pam Gout**
E2 ......................................................................... 25,00 lei

**Dr. Eric Pearl și Frederick Ponzlov**
Solomon vorbește despre reconectează-ți viața . 20,00 lei
**Jonette Crowley**
Vulturul și Condorul ............................................. 25,00 lei
**Georgiana Bărbulescu**
Mic dicționar portughez-român - român-portughez 25,00 lei
**Dr. John F. Demartini**
Cele șapte comori lăuntrice ............................. 25,00 lei

# CĂRȚI ÎN PREGĂTIRE

**Frank Kinslow**
  Sistemul Kinslow
  Dincolo de fericire
  Când nimic nu funcționează, încearcă să nu faci nimic

**Eldon Taylor**
  Autohipnoză și tehnici subliminale

**Seka Nicolic**
  Poți să te vindeci singur
  Știi mai multe decât crezi

**Darren Weissman**
  Miezul lucrurilor

**Alan Cohen**
  Ne e suficient

**Gabrielle Bernstein**
  Miracole acum

**Andrew Harvey**
  Speranța

**Florence Scovel Shinn**
  Calea magică a intuiției

# EDITURA FOR YOU

BUCUREŞTI, str. Hagi Ghiţă nr. 58, sector 1

Tel/fax: 021/6656223;  0314286724

telefon mobil 0724212695

E-mail:

monica.visan@gmail.com

foryou@editura-foryou.ro

editura_foryou@yahoo.com

site: http://www.editura-foryou.ro

www.facebook.com/pages/Edituraforyou